W0033580

EDITION BELLETRISTIK

Die Rückkehr der Tiere

JAN KUHLBRODT

Quartheft 79 | **Edition Belletristik**
1. Auflage
ISBN 978-3-945832-36-3

© 2020 Verlagshaus Berlin
Chodowieckistraße 2, 10405 Berlin
Alle Rechte vorbehalten.

www.verlagshaus-berlin.de

GEDICHTE: Jan Kuhlbrodt
ZEICHNUNGEN: Klaus Walter
LEKTORAT: Jo Frank
GESTALTUNG & SATZ: Dominik Ziller
SCHRIFT: Raisonne Pro, Dederon Serif, Hapole Pencil, Brandon Grotesque
BUCHDRUCK & -BINDUNG: Druckerei Totem / Printed in Poland, 2020
PAPIER: 90 g/m² Amber Graphic / 250 g/m² Iceblink weiß

Das Verlagshaus Berlin wurde 2018 mit dem Förderpreis des ersten Berliner Verlagspreises und 2019 mit dem Deutschen Verlagspreis ausgezeichnet.

Alle Titel, die im Verlagshaus Berlin erscheinen, werden im Literaturarchiv Marbach, im Lyrik Kabinett München und in der Deutschen Nationalbibliothek archiviert.

Die Rück kehr der Tiere

JAN KUHLBRODT
KLAUS WALTER

... etwas sollte zum Frieden führen.

Arthur C. Gropko
Gedanken zur Raumfahrt 1956

Die Ordnung der Welt nach Geruch erfolgt eher intuitiv.

H. Grosser
Von den Sinnen. Weimar 1817

*Hier siedelt er wieder, der Luchs, weil wir weit genug weg sind,
und Hecken ihn schützen.*

Unbekannt. 2015

... und heute war da wieder ein Hund. Großköpfig, tapsig. Einer, der seine Besitzer wahrscheinlich überleben wird. Ein Schäferhundwelpe vermutlich, ich kenne mich mit Hunderassen nicht aus.

Ich denke jetzt viel über Tiere nach, und wie sie uns oder ihre jeweiligen Besitzer begleiten, wie sie verschwinden oder aussterben, wie sie uns wieder zuwandern.

Ich erinnere
mich, wie wir,
Thilo und ich,
im Dezember.

Anfangs putzte ich die Frontscheibe alle paar Kilometer mit meinem Handschuh frei, dann ließen wir die Fenster einfach offen, setzten unsere Mützen auf. Es war ein arschkalter Dezember. Auch im Auto war es arschkalt. Bei offenem Fenster hatten wir die Heizung voll aufgedreht. Das Zweitaktergeräusch verlor sich im Luftstrom, der die Fenster knattern ließ.

Dezember 1989. In Bayern gab es ein zweites Begrüßungsgeld. Ein Fuffi in West; den der Freistaat gab, nachdem der Bund schon einmal 'nen Hunni gezahlt hatte. Grenzkontrollen gab es keine mehr, aber auf den Brücken über die Autobahn an den Übergängen standen noch Posten mit Maschinengewehren, denen man nicht ansah, ob sie aufmunitioniert waren oder lediglich den Soldaten als Last dienten und als Zeichen, dass sie eben Soldaten waren.

In Nürnberg angekommen, blieben wir noch eine Weile im Wagen sitzen, um uns aufzuwärmen, zumindest die Körperteile, die im Fahrtwind ausgekühlt waren. Wir hatten den Trabant meiner Mutter auf einem provisorischen Parkplatz kurz vor der Stadt abgestellt, das Fenster hatte ich einen Spalt offengelassen. Im Auto jetzt Atemdampf, der die Scheiben in kürzester Zeit in Milchglas verwandelte. Unsere Füße waren warm, die Hände aber nicht und auch die Hälse nicht.

Als wir, Thilo und ich, aus der Stadt zurückkehrten, wo wir in einer Bank gewesen waren, die fünfzig DM erhielten und einen kleinen Stempel in den Personalausweis der DDR, fanden wir den Innenraum des Autos mit Werbung geflutet. Oh welch Empfang! Mit offenen Augen und Armen. Der Fremde wird eingeladen, sich ganz dem Triumph hinzugeben, der im richtigen Leben liegt und im richtigen Beten. Und die Autoscheiben ließen den Blick ungehindert ins Innere der Republik.

Da waren Prospekte der Zeugen Jehovas. Auf einer Wiese ein Löwe lagerte, über dessen Vorderpfoten sich ein Lamm gelegt. Wolkenloser Himmel. Vögel in Formation. Aber die Farben, überbelichtet freundlich, korrespondierten nicht mit meinem Gefühl.

In Nürnberg gab es Kaffee und ein Stück Stollen in einem weihnachtlich geschmückten Restaurant am Rande der Altstadt. Die Straße mit Kopfstein gepflastert. Ein Belag, der uns als veraltet gegolten bisher.

Holpern zeugte kaum von Fortschritt, hier sollte es uns an etwas erinnern.

Merkwürdigerweise stolperten wir in diesen Straßen nicht, als sei in unseren Gang ein Gedächtnis geschrieben, wie man geht auf alten Belägen.

*

In Leipzig lag, versteckt in Gullydeckeln noch und auch auf einigen geschützten Straßenabschnitten, Holzpflaster. Bernd, der Freund aus dem Westen, der damals noch gar nicht mein Freund war, nicht sein konnte, hatte mich einige Zeit später darauf hingewiesen. Mir selbst war es, obwohl ich einige Jahre in Leipzig lebte, nicht aufgefallen.

Holzgepflasterte Straßen. Es muss sie einmal gegeben haben, und darauf ein gedämpftes Holpern der Pferdekutschen, der ersten Automobile. Als ich Leipzig verließ, klaubte ich einige Holzpflasterreste aus einem alten Gullideckel. Unter Schichten Reifenabrieb hatten sie dort die Zeit überstanden.

*

Wir, Thilo und ich, waren die Autobahn entlanggefahren. Von Karl-Marx-Stadt nach Plauen, irgendwo hinter Plauen lag die Grenze. Schon nach Zwickau waren die Straßenplatten, Betonbelag aus den Dreißigerjahren, nur zweispurig ausgelegt.

Dennoch hieß die Straße trotzig: Autobahn.

Bäume in einer Kurve gaben erst dann ihre Anzahl preis, wenn man direkt an ihnen vorbeifuhr. Von Fern zeigten sie sich als leerer Kronenhaufen. Schwarzes Gestrüpp im Dezember.

Als Masse. Thilo und ich hatten geraten, wie viele. Thilo tippte auf Fünf, ich sagte Sieben. Es waren drei. Na, wenigstens eine ungerade Zahl, sagte Thilo, als wir schon eine Weile weitergefahren waren.

Regal I

Bis vor Kurzem noch meinte ich, die Bücherstapel abarbeiten zu können, die sich angesammelt hatten wie die Akten in einer Geheimdienstzentrale. Mit der Zeit aber wurden sie Wand. Wand vor der Wand. Sie verschmolzen zu einem Objekt, das weiteres Dämmmaterial unnötig machte.

Als die Bücher noch alle im Regal standen, waren sie schon nicht mehr geordnet, dafür nach Größe sortiert, weil sich die Formate, die A4 überschritten, größer waren als Quartbände, nur auf die obersten und untersten Bretter stellen ließen.

Jetzt liegen sie in Stapeln, nach Größe sortiert und aufgeschichtet in Reihen, den kleinsten Platz genutzt. Wir werden sehen; ich werde die Nebenkostenabrechnung abwarten. Natürlich hoffe ich auf einen Effekt einen Sinn, der aus der Anordnung der Rücken folgt. Dämmmaterial gegen eine Welt, die Wetter kennt. Veränderungen.

Gleichzeitig, meine ich, geben die Bücher mir etwas wieder, das auch eine Welt sein könnte. Die Welt im Kleinen? Nein, dieser Ausdruck verkleinert nur den Gedanken. Keine kleine Welt! Eine papierne Welt, in der Größenverhältnisse keine Rolle spielen. Ein gedachter Raum. Darin türmen sich Notate zu Beobachtungen. Minutiöse Protokolle. Vorgangsbeschreibungen. Bauten. Berichte.

Und ich nehme sie jetzt also als mehr oder weniger ungeordneten Haufen Papier wahr. Papier, das einmal geordnet schien, für einen Moment jedenfalls.

Dazwischen verteilt Bestimmungsbücher. Vogellaute. Farben. Heimische Reptilien. Wie als Erinnerung an eine Realität, die mehr kennt als Papier. Heimische Fische.

Ein abgedunkeltes Exemplar: Fauna im Schwarzwald. Geschenk meiner Großmutter. Sie hatte es von einer Westreise mitgebracht, ich war vielleicht zehn, und wusste nichts Rechtes damit anzufangen. Aber dieses Buch hat mich über Jahre begleitet, war nicht aussortiert worden oder bei einem der Umzüge verlorengegangen. Und obwohl es inzwischen über vierzig Jahre alt war, wirkte es unberührt.

Zumindest hatte ich, nachdem das Regal aufgestellt war, damit begonnen, die Bücher zu sortieren, nach Erscheinungsjahr erst, dann nach Fachgebiet. Ich würde so, glaubte ich, einen Verlauf nachstellen können. Einen Geschichtsverlauf, dessen Ordnung sich immer wieder auflöste, zumindest hier in der Reihenfolge der Bücher, als wolle die Physik mir ihre Wahrheit beweisen.

Entropie. Die unerbittliche Zunahme der Unordnung entlang eines Zeitstrahls, der Ordnung erst ermöglichen sollte, und der an seinem Ende verschwindet, den Anfang tilgt. So jedenfalls, behaupten die Physiker, habe man sich den Urknall vorzustellen. Das Entzerren der Ereignisse zu einem Ablauf. Kausalität.

Die Bücher aber werden mehr und mehr zu den Trümmern eines Berges, der sich wie die Geschichte vor Benjamins rückwärts fliegendem Engel auftürmt. Vielleicht gibt es Ordnung nur außerhalb der Zeit. Nicht aber in einer zunehmend ungeordneten Welt. Ordnung und Trost, und wenn schon kein Trost, dann doch eine gewisse Entlastung.

Gestern erreichte mich die Nachricht vom endgültigen Zusammenbruch des Irak, fotografiert von chinesischen Raumfahrern. Der Zusammenbruch war eine Behauptung. Auf dem Foto war die Geografie des Irak zu erkennen, aber kein verschwindendes politisches System.

Ich kann mir vorstellen, am unteren Ende der Fotos selbst zu sehen gewesen zu sein, als winzige Farbnuance. Obwohl ich noch nie im Irak war.

Schade, dass sich dieses Ereignis nicht wie von selbst in den Atlanten abbildet. Die politische Ordnung der Welt, sich in Bildern aktualisierend. Aber dann würde die Geschichte aus dem Regal verschwinden, und ich hätte nichts zu erzählen, nichts zu erinnern.

*

Es kommen schon lange keine Zeitungen mehr ins Haus, und die, die schon da sind, werden mürbe an den Rändern oder sind vergilbte Restbestände aus Zeiten, als ich mir ein Abo leisten konnte, und aus den Zeiten danach, in denen ich freudig zugriff, wenn irgendwo kostenlose Probeabos verteilt wurden, die nach einer gewissen Zeit, meist waren es vier Wochen, automatisch endeten. Noch heute rufen ab und an Mitarbeiter der Marketingabteilungen an, die fragen, ob ich an einem Abonnement interessiert bin. Ich bin es nicht.

Ich informiere mich mittlerweile ausschließlich übers Internet. Und übers Radio. Flüchtige Ereignisse. Flüchtige Information. Aktualität, die Vergangenheit ist, sobald man das Wort ausspricht, Aktualität, die sich der Gegenwart entzieht, nicht wartet, bis das Papier wellt und vergilbt.

Die papierne Wand um mich wäre noch dicker sonst und irgendwann ginge dann jeder Kontakt zur Außenwelt verloren. Zeitungen dienen weniger der Aktualität, sie sind Speicher. Wärmespeicher vielleicht, man könnte sie verbrennen.

*

Wenn ein Stapel Zeitungen und Journale aber umfiele, denke ich plötzlich, könnte man Aktualitäten neu, in einem ganz anderen Kontext schichten. Vielleicht mache ich das ja auch mit meinen Erinnerungen, die ich gespeichert habe, gespeichert wie Geheimdienstberichte, mit Erinnerungen an

Ereignisse, die ich erlebt, überlebt, und an Meldungen von Ereignissen, die ich erhalte.

Lexi

Immer öfter muss ich an Lexi denken, den Hund meines Freundes Olaf aus der Vorabiturzeit. Lexi war ein Pudelmischling, weiß und struppig, vielleicht dreißig Zentimeter hoch und mit einem Problem: Sie, es war eine Hündin, konnte die Höhe von Hindernissen nicht richtig einschätzen. Springen konnte sie sehr gut. Ganz gleich, wie hoch die Hürde war, sie knallte immer mit den Vorderpfoten ein zwei Zentimeter unter den oberen Rand.

Im Haus gegenüber

Im Haus gegenüber, das ich trotz allem noch durch mein Fenster sehe, im letzten Sommer habe ich noch in einer enormen Kraftanstrengung die Scheiben geputzt, im Haus gegenüber wohnt ein sehr altes Paar, das ständig neue Autos fährt.

Ich denke, dass sie die Wagen testen, niemand könnte sich in einer derart raschen Folge Neuwagen leisten. Zumindest keiner, der hier im Viertel wohnt, es sei denn, er ist hierhergezogen, um seinen Reichtum zu verbergen. Aber der würde ja nicht ständig neue Autos fahren.

Bis vor einigen Jahren noch hatte dieses autotestende Ehepaar einen Hund. Als der eine Weile nicht mehr auftauchte, waren die Bücherstapel noch überschaubar. Ich dachte noch gar nicht daran, dass sie sich einmal derart auswachsen würden.

Sie gingen immer zu dritt: das Paar und der Hund. Keiner von den dreien lief schnell, die Leine des Hundes hing durch. Langsam trottete er neben dem Paar her, zeigte keinerlei Interesse an seiner Umgebung, blieb nicht, wie ich es von anderen Hunden kannte, alle paar Meter stehen und schnüffelte an etwas herum, und wenn es nur die Geruchsspur eines fremden Hundes war, oder ein Stück Lehm, in dem ein Regenwurm wohnte, ein leerer Joghurtbecher, oder eine Tüte, wie ich sie kürzlich im Park auf einem meiner immer selteneren Spaziergängen gefunden hatte:

Eine Plastiktüte mit einem Frühstücksbrot darin, von dem ein Igel angelockt worden war, der in die Tüte hineingekrochen und sich darin verfangen hatte, in ihr gefangen saß. Ich musste ihn befreien, er wäre sonst erstickt.

Dem Hund wäre das egal gewesen, er hätte den Igel verenden lassen, er wäre an ihm vorbei getappt wie an einem überfüllten Papierkorb. Vielleicht änderte sich das Verhalten des Hundes ja auf der Hundewiese im nahegelegenen Park, wenn er von der Leine gelassen wurde und auf andere Hunde traf. Die Hundewiese, die direkt hinter dem Parkeingang lag, konnte ich natürlich von hier aus nicht sehen.

Ich vermute, der Hund hat immer nur am Parkrand unter einen Baum geschissen, hat etwas an seinen eigenen Exkrementen gerochen, war zufrieden mit sich und seiner Leistung, und die drei sind dann umgekehrt, um das nächste Auto zu testen. Seit der Hund nicht mehr da ist, fährt das Ehepaar mit dem jeweiligen Wagen direkt auf die Straße. Das Tor funktioniert automatisch und scheinbar gelangt man aus dem Haus in die Garage. Eine Welt wie ein Kaninchenbau mit ineinander verschlungenen Gängen.

Grün-
hainichen

Mit Wikipedia:

G Grünhainichen wird 1349 im Lehnbuch Friedrich III. des Strengen zum ersten Mal urkundlich erwähnt – als „Heinchin". Mit der Reformation 1539 kommt der Ort zur Parochie Waldkirchen. Der Ort war Amtsdorf des Amtes Augustusburg (vormals Schellenberg). Der Löffelmacher Hanse Oehmen wird 1579 im Kirchenbuch erwähnt.

Bereits um 1650 werden Tischler, Kästelmacher, Brettschneider, Geigenmacher, Trommelmacher und Röhrbohrer genannt. Die Spanziehmühle wird in diesem Jahr ebenfalls erwähnt. Durch die Handwerker und Händler des Ortes werden in der Folgezeit die Waren auf Messen in Frankfurt (Oder), Lüneburg, Dresden, Leipzig und Braunschweig angeboten. Der Ort wird dann „Klein-Leipzig" genannt.

Um 1750 wird eine steinerne Brücke über die Flöha gebaut. Die Holzwarenherstellung nimmt in dieser Zeit immer mehr Aufschwung. Im 19. Jahrhundert entstehen weitere Spiel-warenhersteller. 1848 wird Grünhainichen eigenständige Parochie und Borstendorf wird Filialkirche.

Am 24. Mai 1875 erfolgt der Anschluss ans Bahnnetz. Durch den Spielwaren Verleger Oswald Wagner wird 1888 eine Stiftung zur Hilfe für unschuldig in Not Geratene einge-richtet. Um 1900 sind sieben Spielwarenbetriebe und über 1000 Hausindustrielle im Ort tätig. Das Rathaus wird 1907 errichtet. Der Spielzeugmacherberuf wird 1936 offiziell an-erkannt. Die Madonna mit dem Engelberg von Grete Wendt erhält auf der Weltausstellung 1937 in Paris einen Grand Prix und eine Goldmedaille. 1954 erfolgt die Schließung der Spielwarenfach- und Gewerbeschule. In den Jahren 1970 bis 1972 werden die letzten privaten Spielwarenhersteller und kunstgewerblichen Betriebe verstaatlicht. Ab 1990 viele Betriebe reprivatisiert.

Guppys

Die geheimen Besucher, die, als ich ein Kind war, in der Karl-Marx-Städter Lotharstraße 7 das eine oder andere Mal die sauberen Räume meiner Urgroßeltern vernebelten, hatte ich aus meinem Gedächtnis verdrängt, diese merkwürdigen Männer, die, bis auf einen, diesen Dieter, unerkannt durch den Vorsaal schlichen, deren Kaffeeduft und Rauchgeruch mit Urgroßmutters Frischluft in einem Wettstreit standen, ein Wettstreit, der vielleicht ein Krieg war.

Dieter schien so etwas wie ein Anführer zu sein. Er verhandelte mit meinen Urgroßeltern. Er verhandelte mit Blicken, die ich nicht verstand. Er steckte meiner Urgroßmutter manchmal ein Päckchen Kaffee zu. Und meinem Urgroßvater immer einen Briefumschlag.

Männer, über die niemand je ein Wort verlor. Namenlose stumme Gestalten. Die Männer eben, die es gab und doch nicht gab. Namenlose, stumme Gestalten. Nur Dieter hieß eben Dieter.

Mein Urgroßvater, ein alter Genosse, wie man so sagte, weil er schon in den zwanziger Jahren des letzten Jahrhunderts in die SPD eingetreten war, mein Urgroßvater spielte Klarinette in einem Spielmannszug der Reichsbanner, Kampfgruppe der SPD in der Weimarer Republik. Und wie allen Kampfgruppen schritt ihr eine Kapelle voran.

Urgroßvater hatte sich etwas hinzuverdient, indem er ihnen hin und wieder ein Zimmer zur Verfügung stellte für konspirative Treffen.

Das waren die Tage, an denen die Männer kamen, sie durch den Flur schlichen und im kleinen Zimmer Kaffee tranken und rauchten.

*

Ich hatte inzwischen selbst angefangen zu rauchen, und hätte es Sven Lange aus meiner Klasse und seine Stasi-Witze nicht gegeben, hätte ich die Männer vergessen, für immer vergessen, auf dem Sofa liegend, die Decke unseres Wohnzimmers anstarrend, sie wären verschwunden in dem Formen- und Figurenreigen der jetzt vor meinem inneren Auge aufmarschiert.

Hier, fünfunddreißig Jahre später, da die Stapel Bücher mich vor der Welt verbergen, und die Welt vor mir.

∗

Oft dachte ich über das Verschwinden der Molche nach, die ich im Frühjahr nach unerwartet einbrechender Kälte hinter dem Haus vom Weg aufgesammelt hatte. Da lagen sie, vollkommen bewegungslos, aber sie gewannen sofort an Kraft, wenn ich sie in das warme Wasser des Aquariums setzte. Wie erlöst schwammen sie dann herum. Kleine orangenbäuchige Amphibien, die, wenn sie nicht herumschlängelten, schräg im Wasser standen, den Kopf an der Wasseroberfläche.

Und sie verschwanden über Nacht. Als wären sie aus dem Fenster geklettert. Vielleicht hatte meine Mutter sie ein weiteres Mal gerettet diesmal vor mir. Vielleicht aber hatten sie sich auch selbst einen Weg in die Freiheit gesucht und waren aus dem Aquarium geflohen, aber erschöpft auf halben Weg zur Balkontür irgendwo unter der Schrankwand verendet.

∗

Ich lag auf dem Sofa und meditierte. Ich dachte zumindest über das Wort Meditieren nach und hielt dieses Nachdenken für Meditieren.

Später fand ich eine Anweisung in der Höllenmeditation des Heiligen Ignatius. Noch aber hatte ich Loyola nicht gelesen und seine Anweisung, man solle sich zunächst die räumliche Ausdehnung der Hölle vorstellen. Und um an die Schule zu denken, war mir die Zeit zu kostbar. Es war Frühling und die Weiden, die am Teich hinter unserem Wohnblock wuchsen, bildeten zartgrüne Blätter aus. Sehr zur Freude der Ziervogelbesitzer in unserem Block, und wahrscheinlich auch der Ziervögel. Ich hatte einmal bei einem Freund gesehen, wie die zwei Wellensittiche, die er besaß, sich über die Weidenzweige hermachten.

*

Das Plattencover des Pink Floyd Albums „Meddle" aber war es, was ich sah, eine Nase, die von unten an die Wasseroberfläche dringt, oder etwas in dieser Richtung, Farbkreise, Tropfen, Spiegelungen, Interferenzen. Tintentropfen, die ins Wasser fallen. Blutstropfen. Farbe, die an Form verliert und alles langsam bitteschön. Zeitlupe.

*

In die Betonplatte, die die Decke unseres Wohnzimmers bildete, war eine Rinne eingegossen, durch die die Lampen- und Steckdosenkabel liefen, und die sich unter der Tapete schwach abzeichnete. Es gab bei der Planung von Fertigbetonteilen einiges zu beachten. In diesen Fertigbeton konnte man nicht bohren und dort, wo er nicht perforiert war, bleibt er zu und dicht, bis dann später die Platten rückgebaut und auf riesigen Halden gelagert wurden und weiter werden, Platten über Platten wie Eisschollen aus ewigem Eis.

Als schämten diese Platten sich ihrer Existenz, werden sie unter sich begraben, aber sie werden nicht abschmelzen und vielleicht werden sie, wenn es auf Erden längst kein Eis mehr gibt, an Eisschollen erinnern, die sich im Winter manchmal auf der Ostsee türmten.

Und die Betonplatten, die auf den Autobahnen lagen und die die Nazipanzer nach Osten trugen, schienen über die Jahre eben jene Eisschollen zu imitieren, hoben sich an den Rändern und ließen die leichten Trabanten lustig hüpfen.

*

Neben der Rinne für die Lampenkabel hatte über die Jahre das Aquarienlicht schlierige Schatten an die Decke geworfen, die wenn schon nicht auf der Tapete, dann doch in meine Erinnerung graue Schatten hinterließen.

Nach dem Auszug meines Vaters hatte die Population im Fischglas sukzessive abgenommen, sei es, weil die Tiere sich gegenseitig fraßen, sei es, weil die Fische sich im Wasser einfach auflösten und verschwanden, meinem Vater nach, ihm hinterhereilten wie einem Führungstier; es waren doch ausnahmslos Friedfische, die im Becken schwammen: Guppys und Skalare, Welse und Black Mollies, Fische, die einfach zu halten waren, viele davon lebendgebärend, was anfangs dazu führte, dass hin und wieder Jungfische zu sehen waren, dann aber verwechselt wurden mit dem Pulver, das ich auf die Oberfläche rieseln ließ und so verspeist wurden. Friedfische.

Guppys, Welse und Black Mollies, Masse. Volk im Fischtank: Sie schienen sich damals gegen die Skalare verbündet zu haben: Sie fraßen ihnen die antennengleichen dünnen Vorderflossen ab. Haben die Täter die Flossen für Würmer gehalten? Oder vielleicht waren es die Skalare selbst, die sich um ihre Antennen brachten?

Die Jungfische waren stets die ersten, die verschwanden. Vielleicht wurden sie von den größeren aus Versehen geschluckt? Friedfische wissen ja nicht, dass sie Friedfische sind.

*

Der Tod von Tieren scheint überhaupt so zu funktionieren, dass ein Individuum, das eines natürlichen Todes stirbt, sich im selben Augenblick auflöst, und nicht nur in der Magensäure eines jeweils größeren Tieres. Jedenfalls steht die Zahl der Tierkadaver, die ich dann und wann auf der Straße liegen sehe, in keinem Vergleich zur Anzahl der lebenden Tiere, die ich beobachten kann. Und wenn ich ein totes Tier finde, waren es sicher nicht immer die Grauen Herren des Tierreichs, sondern waren Opfer eines Unfalls, sind überfahren worden, oder zertreten. Aber dieses Verschwinden macht mich schon nachdenklich.

*

Meine erste Guppypopulation hielt ich in einem großen Gurkenglas. Einmal im Winter, als das Wasser mir zu kalt schien, stellte ich einen elektrischen Heizlüfter vor dieses provisorische Becken, ging in den Schnee, spielen und dachte eine Zeitlang nicht an die Fische. Meine Mutter sprach von Suppe, als sie von der Arbeit kam. Das Wasser, in dem die toten Guppys schwammen, kochte zwar nicht, aber es war mehr als nur handwarm.

Die Fische, die neuen, die angeschafft wurden mitsamt Aquarium, um das Gurkenglas zu ersetzen, und die mein Vater zurückgelassen hatte, und die ich fütterte und, na ja, pflegte, zumindest putzte ich hin und wieder die Scheiben, verschwanden ohne mein Zutun, wie mein Vater ohne mein Zutun verschwunden war.

Die Schlierenschatten des Aquariums an der Zimmerdecke vermisste ich später nicht, ich konnte sie mir jederzeit aus dem Gedächtnis herbeirufen und betrachten, zumindest so lange, bis meine kleine Schwester klingelte, und meine Hilfe brauchte, weil sie mit irgendeinem anderen Kind in Streit geraten war.

Ich versuchte dann, sie zu überreden, doch auch in der Wohnung zu bleiben und mit mir die Schatten zu betrachten, die mir ins Gedächtnis zurückkehrten, kaum, dass ich wieder auf dem Sofa lag. Meiner Schwester aber fehlte die innere Einstellung zu derartigen Phänomenen noch, schließlich war sie sechs Jahre jünger.

✳

Die Schlierenschatten waren im übrigen Schlierenschatten. Ich interpretierte sie nicht. Suchte in ihnen keine Bilder, sah in ihnen nur das, was sie waren. Schlierenschatten.

Tod der Repräsen- tanten

(im Innern eine Novelle)

Es muss Mitte der zwölften Klasse gewesen sein, Tschernjenko war gerade gestorben und wir waren am Vormittag mal wieder im Klassenverband zum sowjetischen Konsulat gepilgert, um zu kondolieren. Ich war also früher als üblich zuhause, als es plötzlich klingelte und die Schlierenschatten verschwanden.

Ob ich wisse, wo Sven sei.
Sven.

Seine Statur, sein Gesicht, seine Körperhaltung waren als Abguss der seines Sohnes unmittelbar zu erkennen. Ich kannte Svens Vater bislang nicht, hatte ihn nur hin und wieder gehört, wenn ich vor seiner Tür auf Sven wartete, aber es war, als hätte Sven sich in eine vielleicht ein wenig zu große und vielleicht ein wenig durch unsachgemäße Lagerung nachgedunkelte Hülle geflüchtet und die NDW-Buttons, die er sonst am Revers trug, einfach durch Parteiabzeichen ersetzt.

Flucht kam mir als erster Gedanke, obwohl Sven der Letzte gewesen wäre, dem man seinerseits Fluchtgedanken unterstellt hätte. Immer wieder erzählte er von Abenteuern mit Mädchen und dass sie es nicht ausgehalten hätten und an Ort und Stelle getrieben. Im Grunde konnte es nach diesen Erzählungen keinen Fleck in der Stadt geben, an dem Sven noch keinen Sex gehabt hatte. Nicht einmal das Polizeipräsidium und das Schulsekretariat hatte er in seinen Erzählungen ausgelassen. Unter diesen Umständen war an Flucht doch nicht zu denken.

*

Sven war ein gut gelaunter Mensch und er war wie ich Berufsoffiziersbewerber, was auch bei ihm vermutlich in keinem ursächlichen Zusammenhang stand, aber es lebt sich leichter, wenn man sich unter den Guten und auf der richtigen Seite der Geschichte weiß, und wenn diese Guten auch noch über Wohl und Weh im Land bestimmen.

Für uns war es einfach, über die Streber zu lästern, die Pharmazie oder Zahnmedizin studieren wollten. Unseren Studienplatz an den jeweiligen Offiziershochschulen würde uns niemand streitig machen.

Wir beide rauchten also, und in den Schulpausen rauchten wir gemeinsam mit den anderen BoBs, wie man die Offiziersbewerber nannte, hinter der Turnhalle. Die Grenze sei sein Ziel, sagte Sven und ich nahm an, dass er die Staatsgrenze der DDR meinte.

Darin schien aber nur ein Grund seiner guten Laune gelegen zu haben. Er hatte darüber hinaus ein Moped S51 Electronic mit Vierganggetriebe und waldgrünem Tank, und er behauptete, eine Oma in Grünhainichen zu haben.

Er kannte dieses Erzgebirgsdorf Grünhainichen, genauso wie ich, nur vom Hörensagen, glaube ich. Und wie ich verband er damit nur den Namen und kein Bild, höchstens das einer Oma, die wie auf den Illustrationen zu Rotkäppchen und der Wolf mit einer Schlafhaube unter einem riesigen Federbett begraben lag, und der man Brot und Wein bringen musste. Eine Oma in Grünhainichen eben, in der Nähe von Augustusburg und dem dortigen Jagdschloss August des Starken, das mittlerweile ein Zweitakt- und ein Naturkundemuseum beherbergte.

Zweitaktmuseum hieß, dass man alte Motorräder zeigte; Wanderer DKW und Horch mit verbeultem Tank. Wenn ich jetzt an diese Motorräder denke, wie sie in flackerndem Licht ausgestellt werden, die Beulen noch drin, aber die Flächen poliert, flackert auch das Bild von Svens Vater: verwaschenes Abbild des Sohnes, eine Hülle nur, Variante, ein Exponat in meiner Erinnerung.

Und auf dem Hof des Schlosses befand sich wie auf jeder anderen Burg ein Brunnen, in den der Fremdenführer einen

Becher Wasser goss und laut die Sekunden zählte, bis vom Grund des Brunnens ein Plätschern zu hören war. Alle Besucher waren beeindruckt. So tief! Sie hatten aber, wie ich meine, gar keinen Vergleich.

*

Als Offiziersbewerber hatten wir so etwas wie Narrenfreiheit, die Schule musste schließlich ihren festgelegten Beitrag zur Landesverteidigung leisten und ihre Quote an BoBs erfüllen. Landesverteidigung. Niemand außer uns gab sich freiwillig einer solchen Aufgabe hin. Der verantwortungsvollen Arbeit mit jungen Menschen und mit Technik zum Schutze unseres sozialistischen Vaterlandes.

Vielleicht wurden wir für unsere Gutgläubigkeit belächelt, insgeheim sicher auch von jenen Lehrern, die uns in unserem Ansinnen unterstützten. Belächelt und verachtet, drückten wir den Notenschnitt unser Klasse erheblich. Insofern wurden die Bewerber behandelt wie rohe aber auch faule Eier. Wenn einer abgesprungen wäre, hätte man nur mit außerordentlicher Mühe einen Nachfolger erzwingen können. Wir wussten das und verhielten uns entsprechend, und manchmal vor schwierigen Klassenarbeiten oder nach ausschweifenden Trinkgelagen hieß es, dass Sven zu seiner Oma nach Grünhainichen müsse, weil sie krank sei, und ich schrieb mein Randwissen herunter, weil ich wusste, dass man es mir durchgehen lassen würde.

Sie hier und nicht in Grünhainichen?

Schade, dieser Satz fiel mir nicht ein, als Svens Vater in seiner ausgeleierten Hülle vor meiner Tür stand. Nein, sagte ich, ich wisse nicht, wo er sei, vielleicht bei Ralf, der im Beimlergebiet wohne und mit dem wir eine Abendbrotgruppe gegründet hatten. Ralf, der Lockenkopf, dem man nichts böses unterschieben würde, unauffällig wie er war, ein Zitat seiner selbst.

Thilo, der nicht zur Armee wollte, war auch noch mit von der Partie. Sven, Thilo, Ralf und ich. Wir trafen uns bei einem aus der Bande, der gerade sturmfrei hatte, und kochten uns gegenseitig die jeweiligen Lieblingsgerichte. Bei Ralf gab es Erzgebirgische Buttermilchgetzen. Ich lernte sie erst durch ihn kennen, obwohl der mütterliche Zweig meiner Familie aus Olbernau stammte, und ich kein Wort verstand, wenn sie sich in ihrer Bergsprache unterhielten. Buttermilch wurde in eine Auflaufform gegossen und Kartoffeln wurden hineingerieben, dann Eiweiß untergemischt, Eigelb auch, aber ohne sie zu zerstören. Pfeffer und Salz, in den Ofen und fertig. Das Ganze stockte und verwandelte sich in eine Art Auflauf, der die Eigelbe wie Überraschungen in sich barg.

✳

Ralf war neben Sven und mir ebenfalls BoB, also noch ein Quotenschüler, aber im Gegensatz zu Sven und mir war er einer der Besten in der Klasse und behauptete, Elektronik studieren zu wollen.

Als ich später einmal die Fotos aus meiner Schulzeit sortierte, stellte ich fest, dass Ralf auf jedem einzelnen Bild zu sehen war. Meist nur am Rand, manchmal nur mit einem einzelnen Körperteil, einem Fuß einem Knie einem Stück seines Kopfes, aber er war da, und trotz der Bruchstücke erkennbar.

Eine Signatur, wie Hitchcock in seinen Filmen. Kein Foto ohne Ralf, ohne irgendein Ralfisches Körperteil.

✳

Ob ich wisse, wo Ralf wohne, fragte Svens ausgeleierte Hülle. Klar! Und ich wollte ihm den Weg erklären.

Komm, zeig's mir schnell.

Und plötzlich überkam mich ein Eifer, den ich so von mir nicht kannte, und der auch überhaupt nicht zu meiner pubertären Gelassenheit passte. Gut!, sagte ich sehr laut. Ich zog meine Schuhe an, band sie mit zitternden Händen, und blickte noch einmal sehnsüchtig nach meinem Sofa.

Vor dem Haus stand bei laufendem Motor ein blauer Wolga. Genau jenes Fahrzeug, dass mir in Farbe und Form etwas geradezu Offizielles demonstrierte, es sei denn, es trug ein Taxischild. Neben einem Wolga wirkten Trabanten, wie sie vor unserem Häuserblocks standen, mit einem Mal klein, will heißen, ihre geringe Größe fiel mir ins Auge, weil ein Vergleich möglich war. Wie oft passte die DDR in die Sowjetunion und wie oft passt die Erde in die Sonne?

Svens Vater führte mich zur Beifahrerseite des Wagens, die er mir öffnete, wie ich es sonst nur aus Filmen kannte, mit einer kurzen Verbeugung und einem Bitte-sehr. Ich wartete auf die Bemerkung des Fahrers, dass dies kein Trabant sei, und die Türen sich leise schließen ließen. Ein Standartsatz, der eigentlich immer fiel, selbst wenn man mit einem Trabant reiste und die Tür wieder aufsprang, wenn man sie nicht mit Kraft und Geschick behandelte. Die Mahnung blieb aus, und dann knallte er die Türe hinter mir zu, nicht mehr wie im Film. Eine Geste, bei der ich mich auch heute frage, ob sie der Stimmung des Fahrers oder dem Zustand des Türschlosses entspricht.

Svens Vater lief um den Wagen herum zur Fahrerseite, öffnete die Tür ohne Bitte-sehr und ließ sich auf den Sitz neben mir fallen.

Fahren wir!

Auf kürzestem Weg schoss der Wagen aus dem Yorckgebiet.

Wir waren wieder im Film angelangt, in einem amerikanischen Film mit Verfolgungsjagden, derart rasant schleuderte Svens Hülle den Wolga in die Kurven. Der Fahrer schien sich hier auszukennen.

Ralf wohnte im Beimlergebiet, einer benachbarten Neubaublocksiedlung, doch das schien der Fahrer nicht zu wissen, denn er schlug einen vollkommen falschen Weg ein. Meine Versuche, die Fahrt zu dirigieren, wurden allesamt ignoriert. Ich glaube nicht, dass ich zu leise sprach, wahrscheinlich habe ich in der Aufregung eher gebrüllt, aber mein Brüllen hinterließ, als sei er es gewohnt, beim Fahrer keinerlei Eindruck.

Wir müssen an der Leninstraße rechts! Aber wir rasten an der Leninstraße vorbei, ließen die russischen Kasernen, mit ihren rot übermalten roten Klinkern, rechts liegen und fuhren an einem großen grauen Tor vorbei direkt auf den Zeisigwald zu.

*

Wenn ich Karl-Marx-Stadt noch nicht gekannt hätte, auf dieser Fahrt hätte ich die Stadt kennengelernt, zumindest hätte ich sie kennenlernen können, wenn ich die Aufmerksamkeit dafür hätte aufbringen können. Aber meine Augen hielten sich an Bekanntem und an die grauen Sitzbezüge der Vordersitze, als hätten sie noch lange vor meinem Kleinhirn aufgegeben, ein Ziel dieser Fahrt auszumachen. Sie lieferten verwackelte Bilder, wie die des Himmels überdrehenden Birken, die in sowjetischen Filmen hin und wieder die Schnitte überzeichnen sollten.

Wir fuhren durch den Zeisigwald in östlicher Richtung und bogen an der Tierklinik mit benachbarter Tierkadaververbrennung, man erkannte es am drängend süßlichen Geruch, der zuweilen den ganzen Süden der Stadt überströmte, in eine schmale Straße ein, die von Ebereschen überdacht war, und die Hohlweg hieß.

Diesen drängenden süßlichen Geruch kannte ich schon lange, schon seitdem wir 1972 in die Erdgeschosswohnung im Yorckgebiet gezogen waren. Hin wieder überströmte er das Plattenbaugebiet, und er irritierte mich. Weil ich lange Zeit nicht wusste, wie er zustande kam. Am Anfang fiel er mir nicht weiter auf. Wahrscheinlich hatte ich ihn zunächst mit den Bau- und Aufräumarbeiten um die frischen Plattenbauten in Verbindung gebracht, obwohl dem Brandgeruch so gar nichts frisches eignete. Aber auch als die Flächen um die Neubaublocks begrünt waren, Park- und Spielplätze angelegt, kehrte der Geruch ein- bis zweimal die Woche wieder. Eine unsichtbare Wolke, die mich im Spielen innehalten ließ. Ich steckte die Nase in den Wind, konnte aber nicht entschlüsseln, dass er von verbrennenden Tierleibern rührte.

Im Sommer herrschte im Hohlweg Dunkelheit.

So müsse es am Boden des Dschungels sein, dachte ich, das Sonnenlicht wurde von den Baumkronen fast vollständig absorbiert. Wenn wir ausgestiegen wären, hätten wir vielleicht die Augen von Tieren aus dem Dunkel leuchten sehen und aus der Ferne, von der Tierklinik?, wilde Schreie vernommen.

Wir hielten nicht.

Dann warf uns der Wolga in eine schmale Straße hinein. Bisher hatte ich angenommen, dass nur mein Vater diese schmale Straße kannte, an deren Rändern der Asphalt abbröckelte, dass diese Straße im Grunde ein geheimer Schleichweg war ins väterliche Grundstück, eine geheime Verbindung zwischen Yorckgebiet und dem Stadtteil, der sich Glösa nannte.

Seit mein Vater die Familie verlassen hatte, war ich den Weg nicht mehr entlanggefahren. Nie!, bis Svens Vater alias Herr Lange, oder Hauptmann Lange oder der Genosse Hauptmann uns durch diese Straße lenkte.

Der Hohlweg hatte sich nicht verändert, sein Dach war höchstens noch dichter geworden.

*

Der Kultur schien im Gegensatz zur Natur ein eigenes Regenerationsvermögen vollkommen abzugehen. Auch wenn die Kriegsopfer in ihrer Prothetik nach und nach aus dem Stadtbild verschwunden waren, blieb die Stadt selbst als letzter Kriegskrüppel zurück. Anfang der siebziger Jahre standen in Glösa noch Ruinen. Häuser, denen die Nachbarhäuser fehlten, die aber ihre Tapeten an den Zwischenwänden zurückgelassen hatten als Ausweis einer vergangenen Anwesenheit.

Dies alles hätte ich denken können, wenn ich hätte denken können, im Wolga mit Svens Vater, der kaum sprach, nur fuhr und schaute.

*

Am Ende des Hohlwegs waren wir, wenn mein Vater und ich aus dieser Richtung kamen, immer nach rechts abgebogen, aber wir fuhren jetzt ja nicht auf unser Grundstück, fuhren nicht nach Glösa, wir fuhren einfach, hatte ich begriffen, einfach so herum, und von Ralf war nicht ein einziges Mal mehr die Rede gewesen, auch von Sven nicht. Am Ende des Hohlwegs, als ich das Tageslicht schon fast vergessen hatte und unter dem hellen Schwall zusammenzuckte, bogen wir schließlich in Richtung Innenstadt ab, fuhren in die Frankenberger Straße, auf der im April 1945 die ersten Sowjetischen Panzer in die vorher eine Zeitlang von Amerikanern belagerten Stadt, oder dem, was von ihr übrig war, eingefahren waren.

Die Starre, die mich während der letzten Kurven und vorbeirauschenden Bäumen auf der Fahrt unbemerkt befallen hatte, machte auch vor meinen Gedanken nicht halt. Mir fiel erst jetzt auf, als die Innenstadt uns entgegen leuchtete, dass es mich eingenommen hatte, und ich schwieg. Ich schwieg. Schwieg und dachte nicht.

Mimikry wie bei Tieren. Erstarren in Momenten der Bedrohung. Als Simulation, als Vorwegnahme des Todes frieren sie in ihrer momentanen Haltung ein. Jetzt wusste ich, dass dieses Verhalten kein rein körperliches ist.

*

Später fiel mir einiges ein, was ich hätte sagen können ... Ich hätte auf den Antifaschismus meines Urgroßvaters verweisen können, der sich, wie er erzählte, 1933 auf dem Chemnitzer Opernplatz mit SA Männern geprügelt und zumindest in diesem Falle die Schlacht gewonnen, allerdings war Großvaters Reichsbanneruniform, die er zum Zeichen der Verteidigung der Republik trug, an der Brust zerrissen. Zumindest die Klarinette, die er im Kasten wie ein Gewehr auf dem Rücken trug, hatte die Schlacht überlebt.

Ich hätte erzählen können, wie Urgroßvater im Krieg keinen einzigen Schuss abgegeben hatte, wiewohl er Fahrer für die Wehrmacht gewesen ist, und wie er kurz vor Ende des Krieges in Frankreich stationiert, desertiert und zu Fuß nach Chemnitz zurückgekehrt war.

Urgroßvater erzählte, wenn wir Hand in Hand um den Schlossteich liefen. Ein langsamer alter Mann und ein langsam trippelndes Kind, das zuhörte, bis die beiden stehen blieben und Brotkrumen nicht in den See, sondern auf die Wiese am See warfen.

Woraufhin sich Enten und Höckergänse ungeschickt, zumindest wirkte es ungeschickt auf mich, aus dem Teichwasser arbeiteten.

Aber ich lag schon wieder zu Hause auf der Couch und setzte die unterbrochene Pubertät fort, als mir einfiel, was ich alles hätte erzählen können, als wir durch Karl-Marx-Stadt brausten.

Christian

Manchmal, wenn ich, als der Hund der Nachbarn noch lebte, die drei so sah, dachte ich an Christian und erinnerte mich daran, wie er mich bei meinem ersten Besuch vor dreißig Jahren durch Westberlin geführt hatte. Natürlich nicht an einer Leine, aber ich war darauf bedacht, immer in Sichtweite zu bleiben und in den anderen, neuen Gerüchen nicht verloren zu gehen.

Denn das war das Eindringlichste, was ich wahrnahm. Die andere, die neue Welt, die im Grunde die alte war, die überwundene, wie wir in der Schule gelernt hatten, roch anders, entschieden anders.

Pfingsten

Die Karl-Marx-Städter Schüler waren in einer Turnhalle untergebracht, Delegierte aus allen Schulen der Stadt, umstellt von Elfgeschossern im Neubaugebiet des Stadtbezirkes Berlin Lichtenberg. Pfingsttreffen.

Ein Schulhof, der keine größere Herausforderung darstellte. Mit geschlossenen Augen hätte ich den Weg zur Toilette gefunden, denn das Gebäude, normiert, glich dem Gebäude meiner Schule bis auf den letzten Kiesel, der in den Gehwegbeton eingebacken war.

Sicher hingen in den Fluren auch die hilflosen Versuche der mittleren Klassen, mit Temperafarben eine Raumstation zu imaginieren, hilflos schwebten an langen Strichen die Raumfahrer und auf dem Helm in Großbuchstaben CCCP:

Gott war das in meinem Fall schief gegangen! Zwar hatten sich Gedanken in meinem Kopf überschlagen, aber aufs Papier brachte ich mehr oder weniger nur einen mittelgrauen Wurm vor einem violetten Hintergrund (das All), der die Raumstation darstellen sollte und zentral einen roten Krakel trug, in dem nur mit Vorwissen und gutem Willen ein fünfzackiger Stern erkennbar war.

Als wäre das Papier, das das Symbol trug, nach tagelangem Regen in einer Pfütze gelandet. Dabei hatten wir gerade diesen Stern über die Jahre heftig geübt. Aber der Umstieg von Buntstift auf Tempera wollte mir nicht gelingen und ging auf Kosten der Erkennbarkeit des Dargestellten vonstatten.

Es war recht warm für einen Juni, Butter und Schmelzkäse in den Verpflegungsbeuteln, die wir am Morgen ausgehändigt bekommen hatten, verloren ihre kantigen Formen, schmiegten sich in die kurvigen Rücken, die durch die Rucksäcke drückten. Wahrscheinlich hätte ich aus den Abdrücken in den Lebensmitteln einiges über den Zustand meiner Wirbel erfahren können, aber ich war in einem

Alter, in dem man sich für derlei Dinge nicht interessierte. Schon gar nicht für die eigenen Wirbel.

Ich aber sah den Älteren neidisch beim Rauchen zu.

Es würde noch einige Zeit dauern, bis der Tod als drohende Gewissheit in mein Leben trat.

Am Eingang zur Turnhalle, deren Vordach und Türen auch der der Karl-Marx-Städter nachgebildet war, oder die sie zitierten, waren Spruchbänder; Fahnen und Standarten abgestellt, als rüstete man sich für ein Turnier.

Aus Lautsprechern tönten blechern die Lieder der FDJ und anderer befreundeter Kollektive.

Beim Flug zu den Sternen, bau'n wir unsrer Heimat Glück. Wer möchte nicht im Leben bleiben?

Auch hier der Tod als Drohung, die nicht so recht ernstzunehmen war, in folkloristischer Verkleidung als Atomtod. Ein Tod, der uns zwar bedrohte, aber einem fremden überwundenen System anhing, das jedoch in seinen letzten Zuckungen immer noch drohte. Ein sterbendes Raubtier. Und die Verheißung war ein Leben jenseits der Erdumlaufbahn.

Der Kontakt zu fremden Zivilisationen, soweit sie über ein vertrautes Wirtschaftssystem verfügten, in dem der Arbeiter zwar bescheiden lebte, aber ohne von Herren mit dicken Bäuchen und Raubtiergebiss ausgebeutet zu werden.

Die Blauhemden verschmolzen im Flimmern der Sonne zu einem trockenen Meer. Ich fragte mich, ob es stimmte, dass auf diesen Jugendtreffen hemmungslos von den Lüsten Gebrauch gemacht wurde, so dass die nationale Geburtenrate zehn Monate später in die Höhe schoss. Jedenfalls hatte Pascha, ein Klassenkamerad mit schlechten Zähnen,

diesen Mythos verbreitet und dabei auf eine recht verknif-
fene Art gezwinkert.

Die oberen vier Knöpfe seines Hemdes trug er immer offen,
und ich fragte mich, warum es gerade vier waren. Seine
haarlose Brust lugte in einem merkwürdigem Gelb daraus
hervor. Allerdings hatte ich kaum eine Vorstellung von die-
sem Gebrauch. Sex war ein Wort, aber mir noch kein Begriff.

✳

Jane Fonda steht in der Wohnung des Mannes, der aussah,
wie ich dachte einmal aussehen zu müssen. Keine äußer-
liche Ähnlichkeit, aber diese nervöse Coolness Donald
Sutherlands schien mir im höchsten Maße erstrebenswert.
Fonda ist dabei, ein silbrig glänzendes Kleid auszuziehen.
Vielleicht hatte es auch eine andere Farbe, aber in diesem
Kofferfernseher wirkte es silbrig.

Der Fernseher übrigens, ein sowjetisches Fabrikat, hieß Junost.

Jugend. Die Fonda war nackt. Das wusste ich, weil sie sagte,
dass sie sich wie diese Bettcouch ausziehen lassen könne,
und sie begann einige Blusenknöpfe zu öffnen und nach
dem Schnitt liegt sie unter einer Wolldecke. Unter einer
Wolldecke, so viel war klar, konnte man nur nackt sein. Ich
stellte mir den nackten Körper eines Magazinmodels vor.

Die Zeitschrift war schwer zu bekommen. Es waren Hefte
aus einer Zeit, da Vater noch bei uns wohnte, und Vater
hatte Kontakt zu einer Zeitschriftenhändlerin. Die Hefte
lagen in einer Schublade im Wohnzimmer.

Hochkultur von Aktfotos durchschossen. Das eine des an-
deren Alibi. Hier trafen sich die Geschmäcker von Bauarbei-
tern und Hochschuldozenten, und man wusste nicht, wer
von welcher Seite kam.

Sutherland liegt auf der Fonda. Die schaut hinter seinem Rücken auf die Uhr, die sie am Handgelenk trägt. Ihr Bett ist wie das meine, eher eine Liege, oder ein Klappsofa.

Jane Fonda ist aufgestanden und steht nackt vor Sutherland. Ihre Silhouetten verschmelzen im Schwarzweißbild, und ich wünschte mir einen größeren Fernseher.

Meine Hände krallten sich in mein Kopfkissen, meine Füße zitterten und ein Schauer lief mir über den Rücken. Eine Flüssigkeit strömte in die Schlafanzughose und in das Laken. Entspannt.

Ich hörte das ruhige Atmen meiner Schwester am anderen Ende des Zimmers. Sie schlief fest. Ich hörte die Geräusche aus dem Wohnzimmer, wo meine Mutter saß, und denselben Film sah. Ich stand auf, machte den Fernseher aus, und legte mich wieder hin, spürte das feuchte Laken, Decke und Hose. Und ich schlief schnell ein.

*

Auf Bitten der FDJ-Sekretärin unserer Schule hatte ich eine Rede vorbereitet. Von der neuen Wohnung wollte ich erzählen, in die ich neun Jahre zuvor mit meinen Eltern gezogen war, und in der ich eine Schwester empfangen hatte. Also, wie ich aufgeregt am Aufgang stand, zwei Stufen, grauer Beton, bis zu unserem Plattenbau. Meine Eltern hätten damals wenig Geld gehabt, aber jetzt gehe es ihnen gut und mir auch. Natürlich würde ich nichts von der Scheidung erzählen, den Zusammenbrüchen meiner Mutter, dass ich meinen Vater seit dessen Auszug nicht mehr gesehen hatte, und auch nicht über meine Jane-Fonda-Nächte, die ich vor meiner Schwester verbarg. Über die Obdachlosen im Westen würde ich sprechen, von denen man mich hören ließ, und vom Hunger in den Entwicklungsländern und über die Solidarität. Und ich wollte sagen, dass ich mich entschlossen habe, Offizier zu werden, um dieses Land hier zu verteidigen.

*

Die Freunde, die mitdelegiert waren, würden milde lächeln, und ich würde mich über ihre Ignoranz ärgern, ihr Unverständnis, ihre mangelnde Einsicht in die Notwendigkeit.

Allerdings wurde mir schwindlig, ich konnte mich kaum mehr aufrecht halten, und ich hörte einige der Mitgereisten lachen und Sachsen erwache! rufen. Es werde sich eine andere Gelegenheit ergeben, sagte die FDJ-Sekretärin.

Freie Universität

Ich war mit einem Leipziger Kommilitonen nach West-berlin gefahren, und gab mich an der Freien Universität als Philosophiestudent aus. Es war Anfang Dezember und die Grenze seit einem Monat geöffnet. Und zumindest den Berlinern schien es schon fast normal, über die Spree an der Oberbaumbrücke zu laufen, mit oder ohne Hund.

Nur die U-Bahngleise endeten im Ungefähren, abrupt, als hätte ein Gott hier ein Weltende ausprobiert.

Die Menschen schienen an den Gleisenden zu stocken, wurden aber von ihren Hunden, die zu wissen glaubten, wo sie hingehören, sogleich weitergezogen.

*

Damals schon dachte ich, dass Revolutionen immer mit einer grundlegenden Veränderung des Geruchs einhergehen müssten. Nicht Pulvergeruch oder dergleichen, der würde sich, wenn es zu Kämpfen überhaupt gekommen wäre, bald verziehen.

Das ist mir heute ein sehr theoretischer Gedanke, zwischen all den Bücherstapeln und vor meinem inzwischen sehr kleinen Rechner. Die Veränderung des Geruches vollzieht sich mit der Veränderung des Produktions- und Konsumtionsverhaltens der Menschen. Mit der Größe der Gegenstände.

Aber die Nase des Menschen bleibt immer die alte, auch wenn sie über die Jahrtausende wahrscheinlich an Leistungsvermögen eingebüßt hat, die Nase, die schon in vorsprachlichen Zeiten eine ungeheuer wichtige Funktion hatte, Bedingung war, um Mitglieder der eigenen Rotte zu erkennen und wiederzuerkennen, oder sich in fremder Landschaft zu orientieren.

Der Geruch geht an Bedeutung der Sicht voraus, zuerst riechen wir einen Brand, der vorbereitend, verdeckt, sich in Form bringt. Auch gibt es kein Wort, das den Verlust des Geruchssinnes beinhaltet. Sehsinn oder Gehör scheinen in dieser Hinsicht sekundär. Wir können blind sein oder taub, wie aber nennt man es, wenn wir nicht mehr riechen können oder schmecken?

Persil

Als Jugendlicher hatte ich mit dem Bus auf dem Weg zur Schule täglich ein Emailleschild passiert. Es hing an einem zerbröselnden Altbau am Fuße des Karl-Marx-Städter Sonnenbergs, dort wo der Bus 31 in einer engen Kurve in die Bahnhofsstraße einbog, nachdem er die Gleisanlagen der Reichsbahn passiert hatte.

Auf dem Schild war eine deutschblonde Frau im blauen Kittel abgebildet, die lachend eine Packung Persil in den Händen hielt. Das Schild hatte Krieg und sozialistischen Aufbau überlebt. War ein Vorbote der Zukunft und zugleich Erinnerung, schließlich gab es Persil in der DDR nicht zu kaufen.

Dennoch hatte ich, wenn ich an diesem Schild vorbeifuhr, diesen Waschmittelgeruch in der Nase. Manchmal musste ich niesen.

Das Schild war in ungefähr zwei Meter Höhe in diese Fassade geschraubt, deren Putz nach und nach abbröckelte. Die ganze Stadt eine löchrige Fassade, nur dem Schild schien die Zeit nichts anhaben zu können. Es widerstand trotzig. Als Persil dann als Waschmittel wieder in die Läden einzog, die Fassaden saniert wurden, verschwand es, als wäre es nur ein Platzhalter gewesen.

Irgendwo auf den Nachrichtenseiten im Netz wurde kürzlich von einem Geruchskino berichtet.

*

Damals, als ich das erste Mal über die Grenze nach Westberlin kam, fühlte ich mich überwältigt.

Die Oberbaumbrücke passiert, landete ich direkt in Kreuzberg. Zwiebeln und Fleisch, das sich an großen Spießen drehte, und der eigenwillige Duft des Westkaffees, den ich als Kaffee zwar identifizierte, der aber ein Geheimnis barg. Ein Intershopgeheimnis. Das Geheimnis, das ich zu lüften gehofft hatte, wenn ich die Forumschecks, gegen die ich in der Staatsbankfiliale am Karl-Marx-Städter Posthof die zwanzig Mark West eingetauscht, die mir eine gewisse Tante Gretel zu Weihnachten geschickt hatte.

Gretel

Eine gewisse Tante Gretel, habe ich geschrieben – und jetzt dürften Sie fragen, warum kennen Sie Ihre Tante denn nicht? Nun: Tante Gretel war imaginär. Es hieß, sie wohne in Hildesheim. Sei irgendwie mit meinem Vater verwandt. Aber auch nach der Scheidung meiner Eltern kam jedes Weihnachten der Geldschein. Verpackt zwischen zwei auf Couvertgröße zurechtgeschnittenen Pappen in einem Briefumschlag, als könnten sie verhindern, dass die Röntgengeräte der Grenzsicherung die Sendung durchschauen.

Dabei war es ein Leichtes, Briefe mit Wasserdampf zu öffnen und ihren Inhalt zu prüfen. Das hatte ich selbst schon einige Male erprobt, als Briefe aus der Schule kamen, und ich mir nicht sicher sein konnte, welche Tat meinen Eltern in ihnen berichtet werden sollte. An den Zwanzigmarkscheinen schien sich niemand zu stören. Und es war nur das Geld im Brief, kein Gruß, keine Erzählung. Aber auch keine Frage an mich.

Wenn man Verwandtschaft in Landschaft und Geografie umdeuten würde, dann wäre diese Tante mein Grünhainichen gewesen.

*

Anfang der Neunziger versuchte ich Gretel zu kontaktieren. Aber wenn sie es war, die ich am Telefon hatte, dann verleugnete sie sich. Gretel war, wie die ganze alte BRD verschwunden, als ich sie hätte gefahrlos aufsuchen können.

Apokalypse

All das roch ich, aus Karl-Marx-Stadt angereist, wo ich meine Mutter besucht hatte, wo man im November am Abend im Gefunzel trüber Straßenlaternen kaum etwas sah und höchstens die Salzkohle roch, mit der die Kachelöfen in den angrenzenden Altbaugebieten befeuert wurden. Und natürlich den Duft klammer Bettwäsche in schlecht beheizten Wohnungen.

Manchmal sah und roch man auch eine glühende Aschentonne aus Blech.

*

Grenzzäune, Stacheldraht, Explosionen. Was wir überwunden glaubten. Geschichte. Andauernde Apokalypse. Entropie. Wenn das das Ende ist. Ausgewachsen, aufgewachsen.

Bis Ende der Achtzigerjahre ist das alles anders gewesen. Wahrscheinlich. Oder anders anders, beim Eintritt in eine Welt, die mir als Vergangenheit vorgestellt worden war. Von Lehrern und Eltern, die mit den Lehrern irgendwie unter einer Decke steckten.

Die Lehrer habe ich inzwischen lange hinter mir gelassen. Manchmal frage ich mich trotzdem, ob sie noch leben und googele nach ihnen. Das Interesse speist sich aber nicht aus Sehnsucht.

*

Ich suche nach einem Link in die Vergangenheit, um mit der Gegenwart zurecht zu kommen. Oder die Gegenwart steckt in den Bücherstapeln. Vielleicht möchte ich auch einfach die Anerkennung, die mir als Schüler verwehrt blieb.

Vom ersten Schultag an war ich der zweitschlechteste Schüler in meiner Klasse. Über dem Land meiner Jugend lag eine merkwürdige Ruhe und der Geruch verbrannter Tiere.

Meine Russischlehrerin ist inzwischen Schulleiterin geworden. Nicht an meiner alten Schule, sondern in einer nahegelegenen Kleinstadt. Sie ist Jüdin, aber davon sprach sie nicht, als sie uns unterrichtete. Nur meine Mutter sagte einmal nach einem Hausbesuch bei uns, dass sie den Eindruck habe, dass Frau Rotstein auf eine merkwürdige Art christlich sei.

Mich traf in der Schule übrigens der gleiche Vorwurf einer verschämten Christlichkeit, weil ich in den höheren Klassen eine Maultrommel an einer Paketschnur um den Hals trug. In ihrer Form erinnerte das Instrument einige wohl an eine in Ornamenten versteckstes Kreuz. Im englischen Sprachraum wird es Jew Harp genannt, womit die Verwirrung perfekt und wir wieder bei Frau Rotstein wären.

Damals resultierte die Vorsicht meiner Lehrer aus dem staatlich verordneten Atheismus. Heute, nach dem Aufflammen evangelikaler freikirchlicher Bewegungen, kann ich diese Vorsicht sogar ein wenig verstehen.

Ich aber trug die Maultrommel, weil ich gern Musiker gewesen wäre, und sie das einzige Instrument war, dass man ohne größere Übung bedienen konnte. Und es machte Eindruck bei meinen Mitschülern, wenn ich der Maultrommel in den Pausen einige Töne entlockte.

Philoso-phisches Seminar

Wir waren mit U-Bahn und Bus an die Freie Universität gelangt. Die Erinnerung an den Weg verlor sich in dem Moment, als wir ihn beschritten, als würde eine Zeit beginnen, die in ihrem Fortschreiten das Vergangene tilgte. So erschien es mir jedenfalls in diesem Moment, das Langzeitgedächtnis war ausgeschaltet. Alles war mir Gegenwart, eine Gegenwart, die wie ein Abfluss im Waschbecken alles schluckte, gurgelnd schluckte. Und Geschichte verlor sich im Geräusch aus dem Rohr, das entfernt an ein Röcheln erinnerte oder Schnalzen. Ein verklingendes Echo.

Ich legte also für diesen Moment eine Erinnerungs- und Planungspause ein. Vergaß mich im Gewirr des Neuen, das sich seinerseits in sich vergessen machte, als wolle es sich preisgeben, indem es anderes verwischte. Vierzig Jahre ham'se uns beschissen, so die einhellige Aussage der ostdeutschen Demonstranten, die uns den Weg hierher freigebrüllt hatten, und ich nickte, obwohl ich erst Anfang Zwanzig war.

*

Ich hatte natürlich keinen Fotoapparat dabei, weil ich nie einen dabei hatte, Fotografien nicht traute die Welt war mir als spiegelverkehrte bekannt und auf Fotos erkannte ich mich einfach nicht, und meinen Apparat hatte ich vor Jahren auf einer Ungarnreise mit 20 belichteten Filmen verloren. Vielmehr verlor ich ihn erst nach der Ungarnreise, nach der Rückkehr, nachdem mir ein Zollbeamter die Bücher, die ich in Budapest gekauft hatte, auf einem der Cover prangte eine schwarz-weiß-rote Fahne und ein Adler, aus dem Gepäck genommen hatte. Es handelte sich um ein Werk Tucholskys, das „Deutschland, Deutschland, unter anderem" hieß, und das ich hätte durchaus auch in der DDR kaufen können. Der Zollbeamte schien wie ein Hund auf Gerüche, auf visuelle Eindrücke geeicht. Auf Frakturschrift vielleicht, oder auf das Wort Deutschland.

Also machte es Wuff und das Buch war verschwunden. Den Fotoapparat hatte ich wahrscheinlich auf dem Rückweg im Zug von Dresden nach Karl-Marx-Stadt liegen lassen.

*

Was hätte ich auch festhalten sollen, und wie? Wenn ich die Situation später rekonstruierte, erschienen mir die Produkte unzureichend. Es fehlte immer etwas auf den Bildern. Fehlten die Gedanken, die das Foto hatten scheinbar notwendig gemacht. Vielleicht hätten Fotos mir aber auch geholfen. Vielleicht. Vielleicht hätten sich Erkenntnisse aus dem Nebel geschält wie die Motive sich im Grau des Fotopapiers in der Entwicklerschale bildeten.

Wie man aus Negativfilmen Schwarz-Weißabzüge herstellte. Das hatte ich von meinem Vater gelernt. Und wie man die Bilder aus der Entwicklerflüssigkeit zog, um ihnen im Fixierbad Bestand zu verleihen, eine anhaltende Gegenwart, die doch eine Vergangenheit war oder zumindest eine Vergangenheit repräsentieren sollte. Zumal es mir nie gelang, beim Entwickeln den richtigen Punkt zu erwischen, an dem ich das Fotopapier aus der Flüssigkeit zog.

*

Ich misstraute den Bildern. Auch wenn ich die Filme weggab, Abzüge bestellte, deckten diese sich nicht mit meinen Erinnerungen. Vielleicht gab und gibt es den richtigen Moment gar nicht oder er verlor sich im Rotlicht des Labors, zu dem ich das Badezimmer umgestaltet hatte. Letztlich hielten die Fotos etwas fest, was sie selbst erst hervorgebracht hatten, und ich frage mich, ob es prinzipiell an der Fotografie lag, oder meinem Unvermögen zu fotografieren.

*

Neben meinem Bücherregal steht eine große gerahmte Fotografie, die natürlich nicht ich angefertigt habe, sondern der Leipziger Künstler Maix Mayer. Sie zeigt den Kopf eines asiatischen Motorradfahrers. Im Visier des Helmes spiegelt sich die Kulisse. Eine asiatische Großstadt. Verworren. Und durch die Wirrnisspiegelung hindurch sind die Augen des Mannes zu erkennen.

Uniarchitektur

Das Gelände der Freien Universität kam mir, der an die Leipziger quaderförmigen Kästen gewöhnt war, wie eine Sammlung verrückter architektonischer Ideen vor. Gar nicht so verzweigte, aber zumindest geschwungene Wege, die Natur suggerierten, wo sie sich lang zurückzogen hatte, und an den Abzweigungen Hinweisschilder wie in einem Landschaftspark im Erzgebirge, nur dass die Richtungspfeile nicht auf markierte Wanderwege verwiesen, und wir hatten auch keinen Rucksack dabei, keinen Proviant wie auf den Wandertagen in der Schule, auf die besonders findige Mütter ihren Sprösslingen in ausgewaschenen Gurkengläsern mit Schraubverschluss Pudding mitgaben. Pudding. Komischerweise schießt das Gedächtnis dann doch immer wieder vergangene Bilder ins Gegenwärtige. Vielleicht traute ich deshalb auch keinen Fotografien: Sie werden hervorgekramt wenn der Kopf noch sucht aber nichts findet, oder das Foto verstellt das Gefundene in der Vergangenheit vor lauter Gegenwart.

In meiner Jacke jedenfalls fanden sich neben Personalausweis mit Ausreisestempel, der die mehrmalige Ausreise aus der DDR erlaubte, nur ein Päckchen mit filterlosen Caro-Zigaretten und Streichhölzer.

∗

Ein Gebäude, das mich stocken ließ, weil ich es in seinem Brutalismus auf einem Betriebsgelände der chemischen Industrie erwartet hätte, und nicht auf dem Gelände der Universität, wirkte auf mich wie die Außenseite eines futuristischen Überseedampfers. Gestrandet irgendwo abseits eines Meeres, das sich lange zurückgezogen hatte. Oder wie eine vergrößerte Nachbildung, gebaut für einen dystopischen Science-Fiction-Film. Alle Rohrleitungen, die man in Gebäuden normalerweise gründlich verbarg, in Schächten verlegte, wo sie sich den Blicken der Menschen entzogen, waren hier sichtbar und farbig an der Außenseite angebracht. Das Gebäude gab seine inneren Funktionen preis, Funktionen der Verdauung, die zu allem dienten, nur nicht der Repräsentation. Manche der Rohre, die aus dem Haus ragten, wirkten dabei wie die Kanonen eines Panzerkreuzers. Später erfuhr ich, dass es sich um das Mäusebunker genannte Tierversuchslabor der Universität handelte. Verdauung.

∗

G anz anders das Gebäude des Philosophischen Seminars, das wir endlich gefunden hatten, weil wir ganz diszipliniert den Hinweisschildern gefolgt waren. Warum haben wir eigentlich, um unsere Suche abzukürzen, nicht irgendjemanden gefragt?

Ein flacher Bau, der sich in einer parkähnlichen Passage des Universitätsgeländes an den Boden drückte, als wollte er sich vor den Blicken verbergen. Man betrat ihn wie ein Feldforscher seinen Beobachtungsplatz, entzog sich den Blicken der Tiere und Menschen, als sollten sie nicht merken, dass man sie fürderhin einer Betrachtung unterzog.

∗

I ch betrat das Seminar. Das Wort Bau schien angesichts des Gebäudes seine ganze Doppeldeutigkeit, die zwischen Staumauer und Ameisenhügel changierte, zu entfalten. Mit einer gewissen Ehrfurcht, wie ich mit Verwunderung feststellte, lief ich, und fand mich schließlich in einem Raum voller Brötchentüten und Kaffeetassen wieder. Dazwischen saßen Studenten um wie zufällig aufgestellte Tische herum und schwiegen. Allerdings wirkten sie nicht, als wären sie in irgendeine feldforschende Betrachtung vertieft, ihre Blicke gingen, dachte ich, nach innen, und obwohl später Nachmittag war, wirkten sie wie gerade erst aufgestanden.

∗

Hier sind wir richtig, sagte Thomas, der Kommilitone, der mich begleitete. Die gesammelten Vorurteile, die man sich im protestantisch-kommunistischen Osten gebildet hatte, schienen sich zu bestätigen: Studenten im Westen waren allesamt Anarchisten! Was uns als Drohung bestimmt, war uns Verheißung.

*

Auf einem Sessel, der nicht zur restlichen Einrichtung passte, saß ein Langhaariger unbestimmten Alters. Zauselbart. Dunkelblond. Er schien zu schlafen, und im Schlaf bewegte er den Oberkörper langsam, rhythmisch nach vorn und hinten. Sein Kinn fing den Schwung der Bewegung kurz bevor es auf die Brust auftippte, als würde der Mann im Traum nicken oder einen Thoratext memorieren. Ich war mir nicht sicher, ob er genau meiner Vorstellung eines westdeutschen Studenten entsprach, aber es ging schon hart in diese Richtung, verhieß eine Art schläfrige Befreiung. Und er saß ja unter Studenten, die aber auf den geschwungenen Einheitsstühlen sich in einer Haltung fanden, die sie im Ambiente unauffällig bleiben ließ. Auch schnarchte niemand oder gab sonst ein akustisches Signal seiner Anwesenheit. Einzig der Zauselbart hob sich ab.

*

Schlafen und debattieren, dann schlafen und manchmal auch lesen. So hatte ich mir das Paradies vorgestellt.

*

Durch eine geöffnete Tür konnte man in einen Raum blicken, der so etwas wie die Bibliothek sein musste. Tische waren im Halbkreis in mehreren Reihen vor einer breiten Fensterfront angeordnet, die den Blick auf ein kleines schilfbewachsenes Gewässer freigab.

Künstlich angelegt zur Beruhigung des Blickes. Irgendwo dort würde es Teichvögel geben. Enten vielleicht, Blässhühner, mit ihren übergroßen Paddelfüßen.

Aber mitten in diesem Park lagen aufgeschlagene Bücher auf den Tischen, über manchen saßen gebeugt Lesende, die in diesem Ambiente zuerst gar nicht auffielen. Sie schienen eingefroren, nur manchmal sah man sie mit sparsamen Bewegungen die Seiten umblättern.

*

Thomas und ich setzten uns an einen der mintfarbenen Tische im Eingangsbereich und warteten darauf, angesprochen zu werden. Nach einer halben Stunde hatte ich das Gefühl, dass nichts passieren würde. Wir würden hier sitzen, im Dunkeln bald, es war ja Dezember. Aber die Innenbeleuchtung schien sich automatisch den Lichtverhältnissen draußen anzupassen.

*

Thomas ging vor die Tür, obwohl er nicht rauchte, und tauchte gar nicht wieder auf. Später erzählte er, dass er sich auf dem weitläufigen Gelände verlaufen hatte und den Weg zurück nicht gefunden. Also sei er zum nächstmöglichen Grenzübergang getrieben. Getrieben heißt, er hatte sich einfach in eine der kleinen Gruppen fallen lassen, die an den Stimmen, den Rottenrufen erkennbar gewesen seien. Er warf sich hinein wie ein Zugvogel in seinen Schwarm. Thomas kreiste also, zwar nicht über, aber in ihm bis dato unbekannten Stadtteilen, bis der Zug endlich das ihm angestammte Brutgebiet anvisierte, und zum Schluss auch erreichte.

*

Ich fing auf einmal an zu singen. Wahrscheinlich ein revolutionäres Lied aus den Zwanzigerjahren oder irgendetwas von Ton Steine Scherben. So etwas sang ich immer, wenn mich spontan das Singen überkam. Normalerweise sang ich leise und nach innen. In diesem Augenblick schien ich lauter zu artikulieren, ein junger Mann tippte mir auf die Schulter.

Christian, der Langhaarige mit Bart, der im Schlaf genickt hatte, ein Blonder aus Konstanz, mit dem ich durch meinen Gesang dann doch noch in Kontakt kam, hat mich am Abend in Westberlin herumgeführt, als Westberlin gerade aufhörte Westberlin zu sein, und er erklärte mir geduldig, was ein Börek und was ein Döner ist, oder wie man Weizenbier trinkt. Als Vegetarier verzichtete er auf den Döner, während ich genussvoll in die Fleischmasse unter dem Salat biss und mir das ganze Gesicht mit Knoblauchsoße verschmierte. Ich aß schnell und vornübergebeugt, um Jacke und Hose zu schützen.

*

Wir zogen durch Kreuzberg und ich war verblüfft von dem geballten Leben, das sich da abspielte, unweit der frisch geöffneten Grenze. Die Bausubstanz wie in Leipzig, aber irgendwie schien es das Leben am Leben nicht zu hindern. Das konnte nur bedingt an der offenen Grenze liegen, denn die sprachlichen Färbungen, die auf mich eindrangen, konnte ich nur zum Teil einordnen.

*

Wir drängten uns in eine kleine verrauchte Kneipe und Christian erklärte mir das Wort Weizenbier, das ich mein Lebtag nicht gehört hatte, und ich fragte mich, ob Weizenmalz genauso roch, wie der aus Roggen. Aber das Weizen wurde im Glas gereicht. Die meisten tranken Bier aus Flaschen mit einem Bügelverschluss. Porzellankorken mit Gummiring wie ich sie seit den frühen Siebzigern nicht mehr gesehen hatte; seitdem hatten auch die Limoflaschen in Karl-Marx-Stadt Kronkorken.

✳

In einer Plastiktasche führte ich eine Hendrixplatte mit, die ich mir vom Begrüßungsgeld gekauft hatte. Ich hatte noch eine andere Schallplatte gekauft. „New York" von Lou Reed.

✳

Christian verstand meine Wünsche nicht. Er hatte gerade den Postrock für sich entdeckt, und reichte mir die Kopfhörer seines Walkmans. Lange, ruhige und minimalistische Gitarrenpassagen, die auf elektronisch erzeugte, einfache und tiefe Töne folgten und dann den Klangraum an diese auch wieder abgaben. Die kämpferische Dynamik, die ich so schätzte, hatte sich in einer Einfachheit verloren, die ich nur langsam zu schätzen lernte. Als versuchte die Musik, sich der gesellschaftlichen Wirrnis zu entziehen, eine Art Ruhebecken zu sein.

✳

Ich folgte Christian in Westberlin wie eine gerade geschlüpfte Ente im Tierversuch jenem Ball, dem ersten, den ich in diesem neuen Leben erblickt hatte, es hätte auch ein Fuchs sein können oder eine Motorsäge. Aber es war ein Ball. Ein Ball aus Konstanz, der Christian hieß, und Philosophie studierte. Vegetarier. Konrad Lorenz wäre stolz auf mich gewesen. An mir bestätigte sich seine Theorie, nach der ein Vogel jenes Wesen als Mutter anerkennt, dass ihm nach dem Schlupf als erstes begegnet.

Christian war im Grunde das, was mir nach dem Grenzübertritt begegnete, vielleicht hätte es auch ein anderer oder eine andere sein können, der ich mich anschloss und letztlich auslieferte, und ich hätte ganz andere Winkel der Stadt gesehen, die Stadt ganz anders wahrgenommen, aber von Christian erhielt ich meine Prägung, und die Stadt erhielt durch dieses Verhalten die ihre. Vielleicht wäre ich sonst in Westberlin geblieben und hätte der Auflösung dieser Stadt in ein Berlin beigewohnt.

*

Am Landwehrkanal kam ich ins Straucheln. Wir suchten die Stelle, an der die Leichen von Liebknecht und Luxemburg ins Wasser geworfen worden waren. Ich wusste von ihr, und Christian hatte sie wohl schon einige Mal überschritten. Aber er hatte nie nach ihr gesucht. Das war ein Riss, der wohl nicht zu kitten war, und als ich an einem Büchertisch eine Einführung in die Nationalökonomie von Luxemburg aus dem Stapel zog und für ein paar Mark kaufte, schüttelte Christian den Kopf.

Ich versuchte seine Geste nicht zu interpretieren. Merkwürdig war, dass es diesen Ort überhaupt gab, diesen Schulbuchort. Auch wenn die Häuser am Kanal inzwischen mehrfach saniert sind. Als sei die Geschichte, die ich gelernt, eine reale gewesen. Als habe Berlin schon immer bestanden. Andererseits hatte es für mich gerade angefangen, zu bestehen, der Landwehrkanal war aus der Erzählung getreten und der Wedding aus seinem Lied.

*

Westberlin waren für mich bislang nur die Gebäudesilhouetten der Gropiusstadt gewesen, die ich in der Ferne sah, wenn ich mit dem Zug aus Karl-Marx-Stadt kommend in Ostberlin einfuhr, über Schöneweide, das wir Schweineöde nannten. Aber diese Gebäude lagen außerhalb Christians Aktionsradius. Und wenn er die Grenze einmal überschritten hätte, wäre die andere Seite für ihn wahrscheinlich in Alexanderplatz und Karl-Marx-Allee aufgegangen. Er hätte mich als Führer gebraucht durch die Sphären der Unterwelt, durch Schweineöde, Hohenschönhausen und Marzipan beispielsweise. Aber ich hätte ja auch nicht zur Verfügung gestanden, denn ich war dabei, mich unter seiner Führung im Purgatorium zu verlieren.

Ein Rechtsanwalt war für mich Westberlin, den ich dem Namen nach kannte, weil seine Frau einmal die Freundin meines Onkels gewesen ist, ein Onkel, der die DDR Ende der Fünfziger verlassen hatte, und wenn er uns besuchte und beim Spaziergang im Wald zünftig voranschritt, aller paar Meter rief: Kommt schon ihr Schlappschwänze!

Ich hatte mir Mitte der Achtziger Jahre die Nummer dieses Westberliner Anwalts besorgt. Von Ostberlin aus konnte man Westberliner Nummern direkt anwählen und musste sich nicht, wie sonst, über eine Zentrale vermitteln lassen. Ich rief also bei Kroke an, wusste als er abnahm aber nicht, was ich sagen sollte und schwieg einige Sekunden lang in den Hörer. Der Anwalt legte auf, und ich kurze Zeit später auch.

Meinen Freunden, die an einer Bar im Palast der Republik auf mich warteten, erzählte ich, ich hätte im Hintergrund Stimmen gehört. Eine politische Diskussion sei im Gange gewesen. Die Freunde nickten ernst und ich bestellte mir einen Highball, weil ich gelesen hatte, dass das Hemingways Lieblingscocktail gewesen sei. Und wir stellten uns vor, dass Kroke den politischen Untergrund organisierte.

*

Christian war über meine plötzliche Anwesenheit genauso verblüfft gewesen wie ich. Als wäre ich nur zum Erstaunen einer Bevölkerung, die mich gar nicht erwartet hatte, auf ihrem mir fremden Planeten gelandet, offen gelandet, nicht heimlich, nachdem ich den Planeten über Jahrzehnte beobachtet hatte. Ich war ihnen aus dem Himmel gefallen, oder aber nach einer Jahrzehnte dauernden Reise meiner Vorfahren ins Ungewisse, auf der ich gezeugt und geboren wurde, wieder daheim angekommen. Allein, meine Angehörigen waren im Raumschiff geblieben.

*

Kroke konnte meine Kontaktversuche wahrscheinlich genau so wenig interpretieren wie ich. Und der Hund meiner Nachbarn war wahrscheinlich noch gar nicht geboren. Rassehunde, hörte ich, werden nicht alt. Bei den Nachbarn konnte ich mir nicht vorstellen, dass sie eine Promenadenmischung ohne beglaubigten Stammbaum ausführten.

*

Man hatte uns zwar nicht vergessen, hatte immer irgendwie Kontakt gehalten, irgendwann aber einer unaufgeklärten Fremde zugeschlagen. Meine Verzagtheit, meine Ratlosigkeit. Ferne Verwandte. War ich Pionier und weit in die Zukunft gereist, oder hatte ich einfach einiges nicht mitbekommen, die Musik nach Neil Young und Pink Floyd beispielsweise?

Etwas von beiden wahrscheinlich. Ich wäre aber gerne wie immer auch hier Avantgarde gewesen, hätte den Kollegen am liebsten so einiges erklärt. Was ich am Abend im Philosophischen Seminar der Freien Universität auch tat.

*

Christian hatte mich dahin mitgenommen. Ich sprach über formale und reelle Vergesellschaftung der Produktionsmittel. Über Eigentum und Verfügungsgewalt. Und dass eine Revolution immer noch ausstand, im Osten wie im Westen. Über den frühen Marx sprach ich und den späten, über seine Arbeit als Redakteur, und wie die Recherche zum Holzdiebstahl für die Neue Rheinische Zeitung ihn aus der Juristerei in die Ökonomie geleitet hatte, und man ließ mich gewähren. Man hörte mir zu wie den Fieberphantasien eines Erfrierenden. Überraschende neue Geschmäcker und Gerüche um mich herum, die letztlich wirklich nicht schuld daran waren, dass ich später nicht in Berlin studierte.

*

Dann war irgendwann Schluss mit lustig. Arbeitsgruppen und die Unterstellung, ich würde die Treffen mit veralteter marxistischer Theorie zu unterminieren suchen. Ein Vorwurf, den ich gut kannte. Ein entfernter Verwandter machte seinem Ärger über die entfernten Verwandten Luft, und Christian hielt einen Vortrag über das Lachen in Auschwitz. Ich verlor ihn schnell wieder aus den Augen.

Kanäle

Ein trüber Bach, der nach und nach aufklart, aufgeklärt wird. Schon sammeln sich an den Staustufen Junglachse. Die Flüsse seien früher voll davon gewesen. Bachneunaugen. Waren die nicht ausgestorben? Über Jahrzehnte nicht gesehen. Wölfe. Und kommen noch neue Arten dazu, Nutria, Waschbär. Verrottete Zäune aufgegebener Pelztierfarmen. Nächtliche Schreie aus der Kadaververwertung.

✳

Als in den Neunzigern die Kanäle in Leipzig geöffnet wurden, um die Bach- und Flussläufe wieder ans Tageslicht zu bringen, habe man blinde hundertjährige Karpfen gefunden, las ich. Und ich muss an das Wespennest denken, das mein Vater, als die Welt für mich noch in Ordnung war, zumindest noch geordnet, mit einem Wasserstrahl aus dem Gartenschlauch von der Schuppenwand spülte.

Mit den Tieren kamen die Kriege zurück.

Abwechselnd Meldungen über gesichtete Luchse und Wölfe, einmal auch über einen Bären. Meldungen zwischen den Kriegen, die inzwischen die Nachrichten bestimmten. An ihnen scheiterten meiner Interpretationsmodelle, die ich mühsam über die Grenze gerettet hatte. Es sollte um Öl gehen, um Bodenschätze. Das hätte ich noch verstanden Christian aber sprach von Identitätskonstruktionen, und ich fing an, mir die Menschen wie Schaufensterpuppen vorzustellen. Zusammengesteckt aus robusten Einzelteilen, die frei kombinierbar waren. So einfach sei das aber dann doch nicht, sagte Christian.

✳

Der Materialismus kommt immer zu spät. Er sitzt mit seiner Angel am Kai oder am Bachrand, er fischt mit künstlichen Fliegen, und hofft zu wissen, worauf er zu achten hat; aus der Situation des Wartens folgert er seine Überlegenheit. Lachs, ein Lachs, zappelt im Kescher. Wenn nichts passiert, meint der Materialist, er habe alles im Griff und ihm könne nichts passieren. Der Materialist meint, sein Material zu beherrschen, seinen Lachs, und er beherrscht sein Material so, wie es ihn beherrscht. Aber das teilte ich damals noch nicht. Noch fühlte ich mich stark und überlegen.

Ich beharrte darauf, dass es einfach ist.

*

Der Bach war weit weniger abstrakt, als ich angenommen hatte. Er war nur übermauert. Jetzt ist er freigelegt, und man fand auch, als man die Röhren öffnete, jene Karpfen dort vor, lebendig, ungenießbar, blind. Bleihaltige Ablagerungsfische. Fortschritt ist, das, was einst als Fortschritt galt, wieder zu beseitigen. Mauern, Staaten, Religionen. Show, don't tell.

Ich hatte mich immer für einen Materialisten gehalten, auch am Ende noch, auch noch gegen besseres Wissen. Und als Materialist hatte ich gegen besseres Wissen natürlich eine gewisse Arroganz entwickelt, gegen das Material, gegen den Lachs, auch wenn ich es selber war, der es besser wusste, es besser wissen musste.

*

Das Bachneunauge ist nicht zu angeln, mit der letzten Metamorphose, zum Ende hin, zur Eiablage, büßt es sein Maul ein. Verhungert. Versprüht aber seinen Samen. Immerhin.

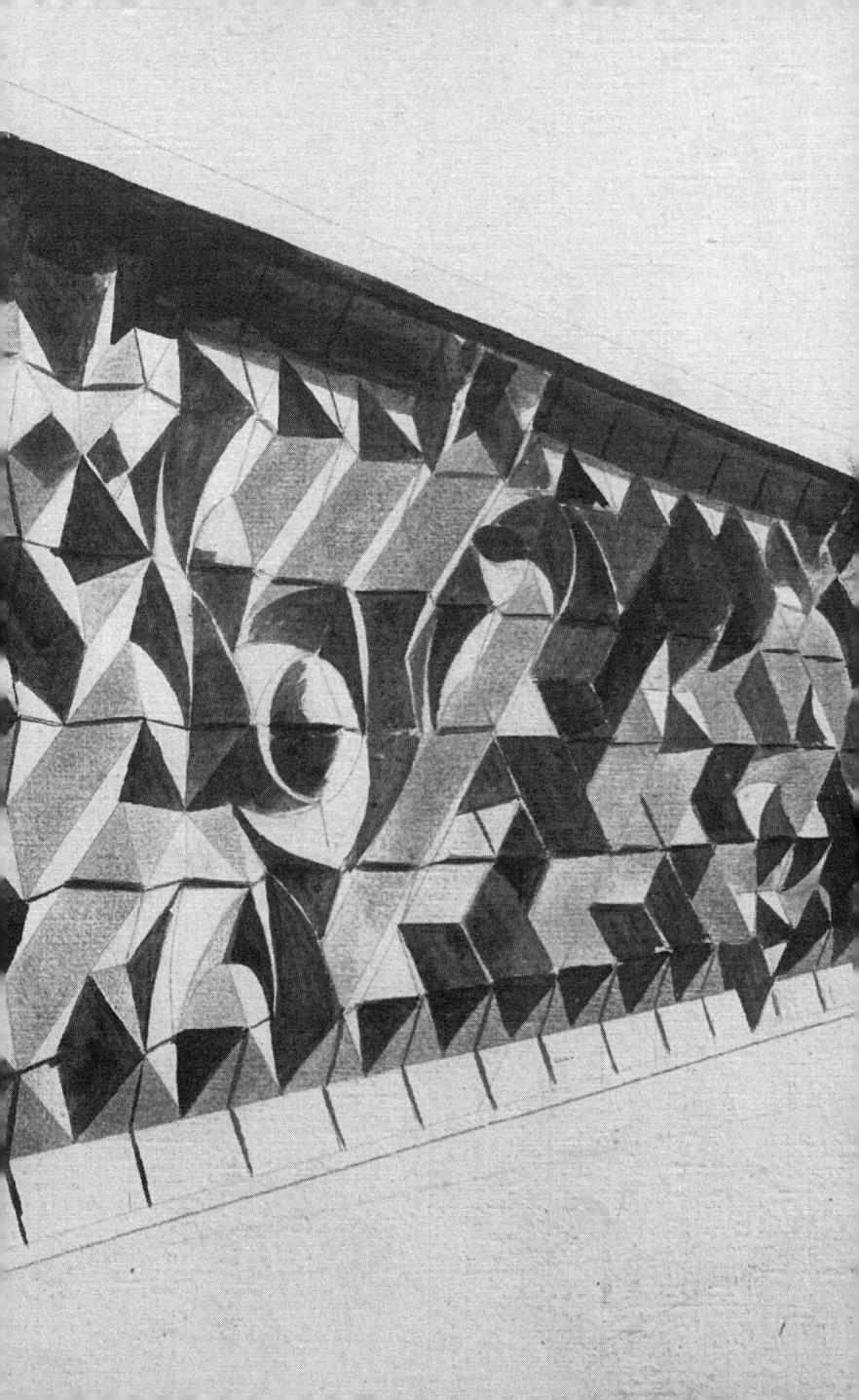

Schäfer

Vielleicht war es einfach so, dass in den Sechzigern die Weichen gestellt worden waren, und der Rest des Jahrhunderts sich wie von selbst ergab, ein Jahrhundert, das zu spät und mit einem Krieg begann und 11 Jahre vor seinem kalendarischen Ende jäh abbrach, das abrollte an einem roten Schicksalsfaden im Zeitlabyrinth. Kurz und schmerzvoll. Zwischendurch immer wieder billige Operette, immer dann, wenn fehlende Einschläge so etwas wie Rhythmus zuließen. Ich reiß mir eine Liebe aus dem Herzen. Die Schlagerweisheit. Manchmal bedauerte ich es, in einer Operettenphase zu leben.

✳

Christian, die Nachbarn, ich. Wir sind Überlebende; aber was ist mit dem Hund? Ich habe vor Jahren einige Bücher aus dem Regal gezogen, um sie neu zu sortieren. Dann lagen sie als Stapel vor dem Regal. Immer wieder schichtete ich sie um, stellte sie aber niemals zurück. Über die Jahre haben sie sich zu einem kleinen Gebirge ausgewachsen.

✳

Ein Faden übrigens, an dem auch ich entlangschnürte. Wie ein Fuchs? Wie eine Ameise? Der Faden, der mir durch die Siebziger hindurch und in die Achtziger hinein mehr Halt bot, als ich brauchte, wie eine Fliege auf einem Klebestreifen. Ein Faden also auch, der mich zu einer Marionette machte und mir Ordnung suggerierte, nicht vorgaukelte, denn ich denke, dass viele in meiner Umgebung von der Wahrheit ihrer Mission überzeugt waren. Die Ordnung war in Ordnung, und die Suche danach endete beständig im Chaos, dachten sie und hatten in den Kriegen ihre Erfahrung gemacht, die sie in die Gegenwarten erweiterten, verallgemeinerten.

*

Und sehen sie nicht irgendwie alle gleich aus? Von Mussolini bis zum jüngst gestürzten al-Gaddafi trugen sie komische Mützen und haben ein Buch geschrieben, in dem sie der Welt eine neue Ordnung versprachen.

*

Sogar die anderen Fäden, die sich Väter nannten, Familien, Geschlechter oder Partei. Haltetaue, die sie vorgaben zu sein, und die vor der Zeit rissen. Treue Parteisoldaten, die ihr letztes Hemd gegeben und im Unterhemd weitergekämpft hätten, ungeschützt, so wie sie am Wochenende im Unterhemd ihre für Außenstehende ununterscheidbaren Autos wuschen.

Auf den Nummernschildern war die Herkunft der Autos verschlüsselt. X und T standen für meine Heimatstadt, A für Rostock und I für Berlin.

Die Trabantkolonne vor einem Wohnblock in der Karl-Marx-Städter Fritz-Schmenkel-Straße. Fünfstöckige Verheißung nahenden Glücks.

*

Schmenkel, der Namensgeber, andere nannten ihn Deserteur, war im Zweiten Weltkrieg von der Wehrmacht abgehauen und hatte sich in den Wäldern von Smolensk versteckt, hatte als Partisan gegen die deutschen Truppen weitergekämpft, war von den Deutschen verhaftet und hingerichtet worden.

Jeder zog seinen Faden. Die Fäden versponnen sich, wurden versponnen, zu einem nicht entwirrbaren Knäuel.

*

Scheppernde, stinkende Zweitaktmotoren, denen zur Selbstentzündung die Kraft fehlte. Deren unrhythmisches Tuckern mich in der Nacht weckte.

Meine ganze Kindheit hindurch dachte ich, wenn ich allein in der Wohnung war, es seien meine Eltern, die kämen, und später dann, als mein Vater ausgezogen war, meine Mutter. Es war nach vergeblichen Momenten der Hoffnung jedes Mal eine Erlösung, wenn eine Zeitlang nachdem der tuckernde Motor verklungen war, sich ein Schlüssel im Türschloss drehte. Ich konnte mich dann ruhig schlafend stellen. Die Auswertung meiner schulischen Verfehlungen hatte Zeit bis zum nächsten Tag.

*

Unser ABV, Abschnittsbevollmächtigter, heute Kontaktbereichsbeamter, kurz: unser Ortspolizist, und es wird, wenn er nicht in Rente ist, immer noch der gleiche sein, hieß Schäfer. Herr Schäfer oder Genosse Schäfer. Wahrscheinlich hatte er auch einen Dienstgrad. Genosse Wachtmeister, Genosse Ober- oder Genosse Hauptwachtmeister.

Mich beeindruckte vor allem das braune Ledergeschirr, das er umgeschnallt hatte, und die Kartentasche, die er über der Schulter trug. Obwohl oder vielleicht auch weil mir der Sinn dieses Geschirrs nicht wirklich aufging. Im Ursprung müssen derartige Dinge einmal der Lastenverteilung bei Landmärschen gedient haben, und wahrscheinlich gehörte ein lederner Tornister zum ledernen Zeug.

*

Als Soldat bekam ich später einen Tragegurt aus festem Stoff, in den sich ein Tornister einhängen ließ, ebenfalls aus Stoff, dazu das graue Gummizeug, Gasmaske, Schutzanzug. Das macht natürlich weniger Eindruck als das Lederzeug. Marodierende Polizistenbanden nach Auflösung eines Staates, oder wie Lenin sich ausdrückte: „besondere Formationen bewaffneter Kräfte". Der Revolutionär als Sprachbürokrat, dessen Bruder bei einem Bombenanschlag ums Leben kam, und der selbst, nach einer gewissen Zeit des Siechtums einem Anschlag erlag.

*

Einmal während meiner Armeezeit hatten wir einen Gewaltmarsch unter Vollschutz, wie es hieß, befohlen bekommen. Auf einer Lichtung legten 25 Soldaten graues Gummizeug an. Graue Gummihosen wurden über Uniformhosen gezogen und zwischen den Beinen verknöpft, darüber Jacken oder besser Capes, ebenfalls Grau, mit Kapuzen, die man über die Gasmasken zog. Vorbeifahrenden müssen wir wie eine Gruppe Durchgeknallter erschienen sein, die eine Elefantenherde nachzustellen versuchte.

*

Aber die Wiesen zwischen den Neubaublöcken mit den frisch gepflanzten Bäumen (Birken und Pappeln, schnell wachsende Kulturen, hier und da eine Kastanie wie zur Beruhigung) würde ich nicht als Gelände bezeichnen. Wenn man davon ausgeht, dass Gelände auch eine Gefahr birgt, Unbekanntes, auf das man sich einstellen muss. Ob Schäfers Pistolentasche eine Waffe enthielt, weiß ich nicht, wenn ja, dann hatte er sie gründlich verborgen, ich habe sie nie zu Gesicht bekommen. Im Grunde hatte Schäfer Recht, wo eine Pistole sichtbar wird, schießt sie meist auch, und das nicht nur im Roman.

*

Unser Abschnittsbevollmächtigter war kein Cowboy. Die Kartentasche enthielt keine Karte, das wusste ich sicher, denn sie war aufgrund einer Klarsichtfolie einsichtig, man hätte die Kartentaschen, hätte sie eine Karte enthalten, nicht öffnen müssen, um die Karte zu lesen, sie enthielt aber nur Zettel, auf denen Schäfer sich die Namen von Kindern notierte, über deren Verfehlungen er die Eltern informieren wollte.

*

Hier brauchte keiner eine Karte. Es war schwierig, sich im Yorckgebiet zu verlaufen, zwischen den übersichtlich angeordneten Plattenbauten. Es war ein kleineres Neubauviertel mit einer Gartenanlage in der Mitte und nicht einmal einem Polizisten hätten wir zugetraut, sich hier zu verirren, zumal seine einzige Aufgabe darin bestand, nach dem Rechten zu sehen, Ruhe und Ordnung durchzusetzen, die im Grunde sowieso herrschten. Eine Karte vom Viertel hätte selbst ich aus dem Kopf zeichnen können, und ich war beileibe weder Kartograph noch Künstler, zumindest kein bildender, und was man im Kopf hat, braucht man nicht in der Kartentasche.

*

Schäfer, mach mal mäh, kriegst 'nen Westkeks. Der Witz meiner Mutter, den sie allerdings nur im geschützten Wohnraum kolportierte. Mutter war Lehrerin. Auch vor Publikum und immer wieder. So ging das mit den Witzen. Es gab formal nur wenig Verschiebungen, und das Lachen war immer das gleiche. Man hatte den Zwang noch gar nicht erkannt, weil er auch von einem selber ausging, und wusste deshalb auch nichts von einer möglichen Befreiung. Mit den Witzen machte man sich Luft und erholte sich von einem unbestimmten Gefühl der Enge, das auch die Träger des Systems kannten.

*

Ich wurde derweil damit beauftragt, die Wäsche am Wäscheplatz aufzuhängen, und wenn Mutter im Hort ihrer Schule die Kinder hütete, und die Wäsche trocken war, sollte ich sie wieder abnehmen. Da gab es im Hochsommer keinerlei Ausreden. Der Wäscheplatz befand sich zwischen den Wohnblocks, zwei lang gezogenen L aus Betonfertigteilen. Es wehte immer ein leichter Wind, aber einem Sturm hätte der Fuß des L den Weg abgeschnitten.

✳

Die Planer waren in Grenzen praktisch veranlagte Menschen. Für Halle-Neustadt hatte man sogar beheizbare Parkbänke konzipiert, aber leider nicht ausgeführt, obwohl es ein Leichtes gewesen wäre, von den Fernwärmeleitungen, die die uns bekannte Welt durchschnitten, geringe Mengen Wärme abzuzapfen und auf die Parkbänke umzuleiten. Schon hätten wir der Natur ein Schnippchen geschlagen und den Sommer auf den Herbst hin ausgedehnt, oder hätten im Spätwinter eine Pause im Park machen können, um uns aufzuwärmen. Findige Forscher und Technologen hatten sogar den Plan gefasst, in Moskau mit Hilfe von Spiegeln, die von Satelliten aus das Sonnenlicht umleiten würden, den Tag zu verlängern.

✳

Natürlich ließ ich den Schlüssel stecken, wenn ich zum Wäscheplatz ging. Einmal, als ich zurück kam, stand Schäfer in der Haustür, und starrte wie unbeteiligt zur Seite. Der Schlüssel im Türschloss zu unserer Wohnung fehlte. Da gab es nichts zu diskutieren, das wusste ich. Bewegungslosigkeit. Nach einer Viertelstunde beredten Schweigens drückte er mir den Schlüssel in die Hand. „Das kommt nie wieder vor!" Eine Aufforderung, ein Statement, eine Lüge: „Nie wieder!"

✳

Jetzt fahren die Nachbarn einen dunkelblauen Benz, oder der Benz fährt sie.

Weiter-
gekämpft

Es ist ein seltsames Geräusch. Wenn so ein Bücherstapel zusammenbricht. Und es ist ja auch kein plötzlicher Zusammenbruch. Irgendwie muss sich, als ich versuchte, mit den Augen den Weg der Nachbarn zu verfolgen, aus Versehen ein Buch bewegt haben. Ich habe es mit dem Knie oder dem Ellenbogen, mein Körper hat hier eine Erinnerungslücke, so verschoben, dass dem Stapel seine fragile Statik abhanden kam. Er konnte sich in sich nicht mehr aufrecht halten und kippte.

✳

Spätere Generationen werden uns in diesem Jahrhundert einen Prozess zuschlagen, der Tod am Fließband produzierte und Bomben, die mit einer Explosion Opfer hervorbrachten wie bis dahin nur ganze Kriege. Davon aber weiß der Beteiligte wenig, nichts Konkretes, er denkt erst einmal nicht darüber nach, er ist seinem eigenem Leben ausgesetzt, seinem eigenen Tod. Daraus lässt sich kein moralisches Urteil ableiten. Es gibt keinen in der Summe. „Jeder stirbt für sich allein", das wissen wir aus der Literaturgeschichte. Die Zurückbleibenden bilden ein Hinterbliebenenkollektiv, eine Trauergemeinde.

✳

Ich hörte es rascheln, dann sah ich den Büchern beim Kippen zu, dann beim Fallen. Ich wusste intuitiv, dass Eingreifen keine Option ist.

✳

Man müsste Gott beschimpfen, ob man an ihn glaubt oder nicht.

Es wäre allerdings in beiden Fällen vollkommen für die Katz. Man kann gegen einen absoluten Souverän nur anrennen, wie gegen ein absolutes Nichts. Das Problem ist nicht, dass man sich dabei verletzt, sondern dass man ins Leere fällt. Eine Erfahrung davon, oder vielmehr der Anklang einer Erfahrung, wurde im Sportunterricht auf zweifache Art vorweggenommen. In den höheren Klassen und vor allem später an der Oberschule wurden wir im Winter einige Wochen lang im Boxen unterwiesen, Beinarbeit, Ausweichbewegungen, Schlagtechnik und dergleichen, natürlich nur die Jungen, die Mädchen erledigten derweil hinter einem Vorhang Übungen in Rhythmischer Sportgymnastik.

Wir, die Jungen, wurden in Paare nach Größe und Gewicht eingeteilt und lernten bald, dass es wesentlich wichtiger ist, einem Schlag auszuweichen, als selbst zu treffen. Und ich lernte dabei auch das Gefühl kennen, wenn ein eigener Schlag ins Leere geht. Ein saublödes Gefühl. Man rechnet mit dem Aufprall der Faust, spürt aber, und hört dann auch ein Durchschlagen und Einrasten des Ellenbogengelenkes. Schläge, die ins Leere gehen, erzeugen Schmerz an unerwarteten Stellen, und unerwartet auch Schmerzen.

*

Ein Ende, der Punkt, an dem alles endet. Das ist auch der Grund, warum das Subjekt, hier sei eine philosophische Wortwahl erlaubt und ich verspreche, ich werde mich bessern, sich selbst absolut setzt, wie das Kind, dessen Welt verschwindet, wenn es die Augen schließt. Ich führte das Wort Fortschritt im Mund. Ich hatte es übernommen, denn fortschrittlich sein galt in Schule und Elternhaus als Lob. Als Zeichen dafür, dass man das Alte überwunden hatte. Komischerweise wohnten die Fortschrittlichsten damals am Wochenende in großen Holzhütten, deren Dächer links und rechts bis auf den Boden reichten, und grillten die ganze Zeit Würstchen. Vor ihre nackten Oberkörper hatten sie bunte Schürzen gehängt von denen man Cocktailrezepte ablesen konnte, aber sie tranken das gleiche Bier, mit dem sie brennende Holzkohle löschten. Das waren die Grillfeste auf Datschen, und ich wusste in dieser Zeit nicht, ob ich noch mit den

Kindern durchs Unterholz tollen sollte, oder mich lieber zwischen die Männer am Grill setzen.

Es wäre nicht schwer gewesen ihren Gesprächen zu folgen, denn gab es Kompliziertes zu besprechen, erhoben sich die Diskutanten, traten aus dem Kreis und flüsterten sich ein paar Meter abseits geheime Formeln ins Ohr. Hin und wieder blickten sie zu den Verbliebenen hin, manchmal lächelnd und manchmal besorgt. Ich saß mitten unter ihnen und schnitt eine Spitze in einen daumendicken Weidenzweig. Zuweilen fiel auch ein besorgter Blick auf mich, ein Blick, dem natürlich kein Aussagesatz folgte, sondern die Aufforderung, irgendetwas zu holen, oder den Frauen in der Küche zu helfen. Aber die Frauen brauchten keine Hilfe, schon gar nicht von mir.

*

Später war ich dabei, die Augen ein wenig zu öffnen, soweit mir das möglich war, in einer familiären Orthodoxie. Ich war in der privilegierten Lage, ein systemkonformes Kind zu sein, ein Geschöpf seiner Umstände wie jedes Kind, aber mich mochten die Umstände und sie sagten mir durch meine Lehrer, dass ich es sei, auf den es ankäme.

Gut, jenes Du, das sie benutzten, war eher ein allgemeines, das auf jeden hätte zielen können, ein Kanonendu, nicht auf direkte Ansprache aus, zielte auf ein gegenüber über der Baumgrenze, aber immer noch kurz unter Gott, auf ein luftiges Gegenüber, das sich in Luft auflöste. Es war ein transparentes Du. Ich bezog das Du aber auf mich, was mich für diesen Zeitraum durchsichtig machte. Ich selbst hätte mich wohl Zombie genannt, wenn ich damals mehr von mir gewusst hätte. Aber ich wusste nicht mehr, und im Grunde war das mein Glück.

*

Die Fläche, auf der der Grill stand, war keine abgeholzte Fläche, vielmehr hatte mein Vater oder sogar mein Großvater vielleicht, schnell wachsendes Nadelholz im Halbkreis darum herum gepflanzt, wie um den Grill zu verbergen, ein Nadelholzlabyrinth, das einen russischen Wald zitierte, in dessen Zentrum lederbeschürzt gesungen, gegrillt und geflüstert werden konnte.

Labyrinthisch ging es eigentlich gar nicht zu, in diesem Damals, so dass es gar keine rote Schnur gebraucht hätte. Zumindest nicht zur Orientierung. Gab es eine Schnur, war sie keine Schnur, sie war ein Absperrband. Ein rotweißes Absperrband, das mich von einem Loch trennte, das ich nicht sah, weil es nicht da war, nicht sehen konnte, weil es für mich nicht da war, weil es als Loch Interpretation war, und weil die Interpretation nichts repräsentierte, was nicht gleichermaßen Interpretation gewesen wäre.

Die Welt war, trotz der letzten Feuerbachthese von Marx, nach der es darauf ankomme, sie zu verändern, eine Interpretation der Interpretation. Also keine Rose, es gab auch keine Rose, die eine gewesen wäre. Auf eine angelsächsische Tradition konnten wir nicht zurückgreifen.

*

Marx hatte das Wort „kommt" in jener These mit ö geschrieben. Es kömmt aber darauf an ... Vielleicht war dieses Ö mein Anker, mein Grund, mich später für Philosophie zu interessieren. Auf der Suche nach einem Rest, der sich der Interpretation entzieht.

*

Darüber hätte ich mit den Westberliner Philosophiestudenten sprechen sollen, statt über Marxistische Wirtschaftstheorie, ich hätte ihnen erzählen sollen, wie es auf dem Grundstück meines Vaters aussah. Von der Finnhütte und dem ausladenden Hirschgeweih über der Eingangstür außen. Vom Geruch eines Wildschweinfells hätte ich erzählen können, und wie die Wildnis sich in immer kleinere Habitate zurückzog, sich selbst als Wildnis aber trotzig weiter zitierte, selbst in den Steingärten und künstlichen Weihern, wo sich paarweise Frösche ansiedelten und manchmal sogar ein Feuersalamander.

Innen im Haus befand sich ein kleineres Geweih, ein Rehgeweih, das auf den Türrahmen geschraubt die Gäste zu Rehen machte. Alles war sortiert, Freund und Feind waren gut verteilt und in Gruppen rot beziehungsweise blau eingefärbt, dienten zur Ehr und zur Wehr, einiges hatte man aus dem Kaiserreich übernommen und umgedeutet.

Globus

Wenn ich das Licht in meinem Globus, der wie ein Relikt zwischen den Büchern hervorlugt, einschalte, erheben sich aus dem roten und blauen Meer, von Gebirge und Küsten, die mir nicht winken, Baumgrenzen, die ich, wie die damaligen politischen Grenzen, nie überschreiten werde. Je mehr Freiheit ich in das Reisen legte, oder zumindest in die Vorstellung von Reisen, die plötzlich machbar wären, umso mehr schwanden meine physischen Kräfte. Prärien sind unberührt, dachte ich, wie der Meeresboden, wie die Marsoberfläche.

*

Ich war, als ich den Globus geschenkt bekommen hatte, jung genug, um hinter allem Grün Natur zu wittern. Anfangs betrachtete ich sogar den Karpfenteich hinter unserem Wohnblock als Naturereignis, obwohl er ein Aufzuchtgewässer war und alle drei Jahre vollkommen entleert wurde. Das Wasser wurde abgelassen und die Fische in großen Wannen abtransportiert. Im Boden fanden sich Spuren von Süßwassermuscheln, die im Schlamm Schutz suchten. Mit der Zeit trocknete die Oberfläche, die einmal Seegrund war, und wurde rissig. Das Wasser wurde wieder eingelassen, die Risse versanken und neue Fische wurden eingesetzt.

*

Delfine zum Beispiel, die als hochintelligent gelten, und die ich in Bulgarien gesehen hatte, die sich mir zeigten am Schwarzen Meer, als wollten sie mir die Zweifel an ihrer Existenz vertreiben, Delfine, deren Hirnströme gemessen wurden, um hinter das Geheimnis ihrer Kommunikation zu gelangen, die der menschlichen gleichkommen musste, wenn sie nicht sogar leistungsfähiger war. Tragischerweise sind diese Tiere ans Wasser gebunden, sind aufgrund ihrer Statur, ihres Knochenbaus, für ein Landleben nicht geeignet, und ich hätte sie in den Weltmeeren zurücklassen müssen wie Schiffbrüchige. Oder den Amphibienmenschen, aus einem sowjetischen Film, dessen Vater ihm nach einem Unfall anstelle der einen Lunge Kiemen eingepflanzt hatte, sodass er zuerst amphibisch leben konnte. Mit der Zeit aber verbrachte der Amphibienmensch, weil er gefangen und dazu gezwungen wurde, mehr und mehr Zeit im Wasser, so dass seine Lunge sich zurückbildete.

*

Der Gegenstand der Naturwissenschaften war für mich ein toter Regenwurm auf dem Seziertisch im Biologiezimmer. Dazu erklangen Worte wie Ganglienknoten und Zentralnervensystem, die irgendwie unschön klangen und die ich bald wieder vergaß. Jetzt, nach Jahren, fallen sie mir ein, als hätten sie die ganze Zeit zu meinem Wortschatz gehört, nur irgendwo herumgesessen und darauf gewartet, dass sich die Türe öffnet. Ganglienknoten!

Raumfahrt

Die Sehnsucht, meine Sehnsucht, wechselte mit der Zeit ihre Richtung. Sie ging ins Vergangene. In die Raumfahrt. Eindringlich die Eingangsszene zu Alexej Tolstois Roman Aelita. Der Protagonist findet im vom Bürgerkrieg zerstörten Moskau oder Petersburg? einen Zettel angeschlagen, der eine Reise zum Mars ankündigt. Man brauche noch Mitflieger. Der Protagonist, gehen wir einfach davon aus, dass er Iwan Illitsch hieß, nein, er hieß Les, Löw oder Lon, ein Namensvetter der berühmten Figur des anderen Tolstoi, entscheidet sich mitzufliegen.

Inzwischen kann man die grandiose Verfilmung dieses Romans auf YouTube schauen, mit Untertiteln in verschiedenen Sprachen. Ein sowjetischer Stummfilm aus den frühen Zwanzigerjahren des Zwanzigsten Jahrhunderts. Konstruktivistische Bauten vom Feinsten. Zwischen den Lektüren schaue ich immer öfter Filme. Aber eigentlich bin ich im Netz auf der Suche nach mir selbst. Ich googele nach Erinnerungen. Und ich finde sie in einem Universum, das die Zeit abzuschaffen scheint. Vergangenes tritt neben Vergangenes. Und auch die Zukunft taucht daneben auf. Als abgelegtes Versprechen zuweilen. Oder als andauerndes Versprechen, das der Zeitlichkeit nicht unterliegt. Das Gott dem Menschen die Zeit geschenkt habe, dass er an der Ewigkeit nicht verzweifle, sagt von Ockham.

Auf dem Mars erwartet die sowjetischen Raumfahrer eine Klassengesellschaft, natürlich. Im Grunde ging es ihnen wie mir damals in Westberlin. Etwas, das auf Erden, in Bereichen, die wir bereisten, als überwunden galt und in Alexej Tolstois Roman auf der Erde, also in Russland, gerade überwunden wurde. Wir waren schon immer von Vergangenheit umzingelt. Die Zukunft, die wir vertraten, war eine Insel, ein umfriedeter Ort. Ein Friedhof, unfertig natürlich, und im Zentrum lag Lenins Leib, der einfach nicht verwesen wollte. Wir standen im Grunde um einen Grill herum wie die Gäste meines Vaters auf der künstlichen

Lichtung. Ab und zu gingen wir weg vom Zentrum, um zu zweit zu flüstern, mal besorgt, mal belustigt, aber wir kamen immer wieder zurück zum Grill.

*

Mitte der Neunziger sah ich eine Installation des russischen Künstlers Ilja Kabakov. In Hellerau bei Dresden, im Festspielhaus, das notdürftig für eine Ausstellung hergerichtet wurde. Erbaut in einer fiebernden Vision des Aufbruchs. Symbol des Ying und Yang in einem runden Erkerfenster. Der Beginn des zwanzigsten Jahrhunderts grüßte sein Ende. Dazwischen lagen wir, Beginn und Ende betrachtend von Holzstiegen aus, die an provisorisch zusammengezimmerte Bootsstege erinnerten. Rohes Holz, Fichte wahrscheinlich. Das schnelle Wachstum hatte für splitternde Oberflächen gesorgt.

*

Wir waren dem gleichen utopischen Kosmos entsprungen wie Hellerau und der phantastische Roman Tolstois, wie die Sowjetunion und der Nationalsozialismus. Utopien, die uns dazu verleiten sollten, sie für das Ziel der Geschichte zu halten, ihr Ende und den Anfang des Glücks. Es ist unglaublich, wie viel Ewigkeit in ein Jahrhundert passt und wie es sich dann doch an den schieferigen Rändern verfranzt.

Kabakovs Installation. Ein Ort, der durch die Zukunft hindurch ins Gegenwärtige ragt. „Der Mann, der in den Weltraum flog." Ein Ensemble von breiten starken Gummis aus einem Material, das mich an die Hosenträger beim Militär erinnert, mit denen wir die weiten Felddienstuniformen an uns befestigten, dass wir uns nicht entkommen, es hängt im Raum, als hätte es einem Menschen als Katapult gedient, ein Loch ist in der Decke. Sehnsucht, seine Zeit zu verlassen? Illusion? Technisches Unvermögen? Aber der Mann ist fort. Das Kunstwerk zeigt nur das Wie, das Wohin bleibt verborgen. Alles, was bleibt, das Zeugnis seiner Anwesenheit und seines Abgangs. Menschenleer. Ein Jahrhundert, ein Muster. Wir wären gerne die gewesen, die weg sind, wir waren aber letztlich doch nur die Gummis der Katapulte.

Lied der unruhvollen Jugend! Durchstreift die Fernen, kein Sturm hält uns zurück, beim Flug zu den Sternen, bau'n wir unser Heimat Glück.

Ändert sich denn nie etwas?

*

Die Sache mit den Forschungskosmonauten käme sicher eines Tages in Gang, aber die Raumfahrt stand ja noch am Anfang. Darüber hinaus interessierte ich mich für Naturwissenschaften noch weniger als für Technik. Was mich reizte, war das Fremde, und zwar das unaussprechlich Fremde, das Andere schlechthin. Ich hatte auch begonnen, selbst an Utopischen Romanen zu arbeiten. Forscherteams sollten ferne Planeten erkunden. Die Romananfänge, es müssen so um die zehn gewesen sein, endeten jeweils nach anderthalb Seiten, die die Landung des Teams beschrieben. Wir waren gelandet. Danach verließ mich meine Vorstellungskraft. Das Fremde konnte ich nicht einholen, auch mit dem ausgefeiltesten Photonentriebwerk nicht. Wir waren auf dem fremden Planeten gelandet. Aber was sollten wir da? Luftdruck und Temperatur messen? Nach Bodenschätzen suchen? Am ehesten noch einer fremden Zivilisation helfen, ihre inneren Konflikte zu lösen. Wir waren Dialektiker, also Spezialisten für innere Konflikte. Und wer genau waren Wir?

*

Da ich mit dreizehn schon zu groß war für eine Ausbildung zum Jagdflieger, bot man mir als Karriereziel den Fliegeringenieurdienst an. Ich konnte mir darunter nichts vorstellen.

Aber schon bei dem Wort Fliegerkosmonaut hätte ich hellhörig werden müssen. Lilienthal statt Ziolkowski. Kappe statt Helm. Jähn statt Gagarin. In der zehnten Klasse hatte ich in Physik eine vier, und meine größte Angst war, einmal als Arschloch zu enden. Und das schmutzige Geschirr blieb stehen. Müllraustragen war die angestammte Aufgabe, die ich regelmäßig erledigte. Eine Grenze. Eine Art mentale Schwelle. Und ich verpflichtete mich, Offizier der NVA zu werden. Mit dreizehn hatte ich die Konsequenzen meines Nickens noch nicht übersehen können und ich unterschrieb, als ich vierzehn wurde, eine Verpflichtungserklärung. Rechtlich nicht bindend, aber bindend genug als Gelöbnis. Ich hatte mich moralisch selbst am Arsch. Von nun an war ich notwendig Verräter. Verräter an meinen Wünschen und Träumen oder Verräter an der Arbeiterklasse. Denn man machte mir klar, dass ich einzig aus meinem Berufswunsch die Möglichkeit ableiten könne, das Abitur zu machen.

*

Jedenfalls gab es eine Geschichte mit Schildkröten bei Strittmatter. Dass diese Gräben, die Drainage letztlich zum Ende der angestammten Fauna führen würden und zur Apfelmonokultur, bedachte ich nicht. Woher auch. Stellte das Buch doch vor allem die inneren Konflikte der Jugendlichen ins Zentrum. Und ihre grandiose Aufbauleistung. Pflanzungen von Spalierobst in nicht enden wollenden Reihen.

Entweder war Egon Abiturient oder das Mädchen, in das er sich verliebt hatte. Abiturient sein, das schien mir jedenfalls die Krönung einer wilden Erwachsenheit.

*

Nach dem Sumpf kam das Obst. Spalierobst, militärisch mit ausgebreiteten Kronen. Wo Sumpf war, sollte Kultur werden.

Kernobst. Und ich wurde gelobt. Für meine Entscheidung, Offizier der Nationalen Volksarmee zu werden. Ich wurde Mitglied eines Berufsoffiziersbewerberkollektivs (BoB). Dort lernte ich Rauchen für's erste. Nicht nur von meiner Familie wurde ich gelobt, sondern zum ersten Mal auch von meinen Lehrern. Ich legte es ihnen als Interesse an meiner Person aus und hatte plötzlich nicht mehr das Gefühl, als aufmüpfig und trotzig zu gelten. Nur einige meiner Mitschüler benahmen sich so, als hätte ich mitten im Spiel den Fanblock gewechselt.

*

Auf einer Bewerberfahrt lernte ich Förster kennen, der sich Hippie nannte und mir erklärte, dass Hippies ihre Hemden nicht in die Hose stecken. Seines war grau, hatte einen breiten orangenen Längsstreifen auf der linken Seite und spannte ihm mächtig über dem Bauch. Förster hatte es nicht auf die Erweiterte Oberschule geschafft. Deshalb war er Berufsunteroffiziersbewerber; aber dafür hatte er mit fünfzehn schon Sex, wie er sagte. Und er grinste breit, ließ seinen Koffer fallen und zog das Bild eines Mädchens aus seinem Geldbeutel, dessen Alter ich schwer einschätzen konnte. Auf jeden Fall war es eine Frau, und die Frau älter als wir. Und ich nannte sie nur noch Mädchen, weil Hippies und Schlagersänger selbst erwachsene Frauen so nannten. Mein Mädchen, oder vielmehr Försters Mädchen. Blond war sie, und wie mir schien, ziemlich dick. Das isse, sagte Förster, und zwinkerte mit dem rechten Auge. Ich hatte mir von Förster einiges versprochen, vor allem Unterweisung. Und aufgrund seiner Anleitung und seines Arrangements kam ich in diesem Sommer zu einem ersten Zungenkuss. Er sollte für lange Zeit auch der letzte bleiben.

*

Essig war es mit meiner Kosmonautenlaufbahn, denn alle Fliegerkosmonauten sind Jagdflieger gewesen. Da ich mich für Philosophie zu interessieren begann, sollte ich schließlich Politoffizier werden, was wenig strafmildernd klang. Berufsrevolutionär! Wandzeitungsredakteur mit Diplom, witzelten die Genossen.

*

Für die Leistung, die man erbringen durfte, weil man sie sich verdient hatte, gab es dann Orden. Den Orden Held der DDR beispielsweise, der um einiges banaler Klang als Held der Sowjetunion. Ein Feind wurde in den Staub getreten. Heldentaten wurden friedlich erbracht, oder sollten friedlich erbracht werden. Und wenn die Sowjetunion ihre Heldenbrüste in Afghanistan einrücken ließ, nickten hiesige Helden traurig und fegten das Laub vor ihren Garagen zusammen, oder gingen gleich so wie sie waren ins Casino. Wo sie am späten Abend dann ihre Feinrippunterhemden präsentierten. Und lächelten und einschliefen. So ein Held wollte ich nicht sein. Und wenn der Faschismus schon einmal als besiegt galt und Che tot war, blieb im Grunde nur der Weltraum.

*

Solange ich wartete, war alles in bester Ordnung. Solange ich wartete, konnte mich nichts überraschen, andersherum wäre natürlich jede Überraschung das Ende des Wartens gewesen. Es kam mir lang vor, dass ich wartete, aber nicht einmal Einsamkeit kam auf, denn die Konzentration ließ Einsamkeit nicht zu. Man könnte meinen, ich sei fokussiert gewesen. Doch worauf? Ich fürchte, die Konzentration erforderte mir derart viel Kraft ab, dass mein Tunnelblick dabei vollkommen ins Leere ging. Ich wartete angestrengt und konzentriert, auf was ich wartete, was mich erwartete, hätte ich nicht sagen können. Auch heute weiß ich es nicht.

Es sind zwar Ereignisse eingetreten, ich weiß aber nicht, ob es die erwarteten waren. Als hätte sich der Gegenstand des Wartens im Warten selbst gelöst.

*

Die Ereignisse, die schließlich eingetreten sind, haben mich nicht überrascht. Das mag abgeklärt klingen. Es waren doch Ereignisse, mit denen ich und auch niemand, den ich kannte, gerechnet hatte. Gerechnet haben konnte. Unerwartete Ereignisse. Aber hatte ich nicht doch auf die gewartet? Sie waren nicht aus einer Zukunft gezogen, nicht auf eine Zukunft bezogen, vielmehr einer Vergangenheit anzurechnen, die überwunden geglaubt war, zumindest von mir.

*

Zurechnungsfähig. Unerwartet nicht, weil sie unvorstellbar, unbekannt gewesen wären, sondern eben, weil sie bekannt und im geschichtlichen Fundus vorhanden, katalogisiert, abgelegt waren. Gebannt schienen, überwunden wie pubertäre Hautausschläge oder Nervosität vor dem ersten Zungenkuss. Und die Füchse schnürten stillgelegte innerstädtische Gleisanlagen entlang. Sie hatten ihre natürliche Furcht verloren.

*

Ich weiß, es gab andere, Freunde, Mitschüler, die mich immer schon für zu optimistisch hielten, aber ehe ich mich in Pessimismus erging, nahm ich lieber jene mir sattsam bekannte Haltung an, die eingeübte Haltung eines Wartenden, auch wenn mir das, worauf ich wartete, aus den Augen geraten war, aus dem Tunnel verschwunden, dass mein Blick nur mehr ins Leere ging wie der eines Anglers, nicht fokussiert, sondern erst dann fokussiert, wenn die Rute zu vibrieren beginnt, dann erst gerät der zappelnde Schwimmer in den Fokus des Blickes.

Nur meine Lehrer mochten meinen Optimismus. Sie hielten mich zwar für einen schlechten oder faulen Schüler, aber meinen Optimismus mochten sie. Was sie nicht begriffen, war, dass das, was sie Faulheit nannten, meinem Optimismus entsprang. Das eine ist ohne das andere nicht zu haben.

Aber ich war kein Angler, und wenn etwas vibrierte, dann lag es nicht in meiner Hand. Und ich hatte nicht einmal etwas Schwimmerähnliches, auf das ich hätte starren können, nachdem irgendetwas anderes vibriert hatte.

Hauptmann Lange

Irgendwann begann ein Gespräch, dem ich, obwohl ich unbestritten daran beteiligt war, nicht recht folgen konnte, weil meine Gedanken zu träge waren, oder abglitten in eine der vielen Nebenwelten, die ich zuweilen in mir entdeckte. Es ging im Grunde um das Übliche: Heimat, Sozialismus, Aufbau, Volk. Errungenschaften. Ein Sermon, den ich in der Schule tagtäglich hörte, und der mit der Feststellung endete, dass all das bedroht sei und beschützt werden müsse.

Warum sonst hätte zum Beispiel Che Guevara in den Bergen ermordet werden sollen, nachdem er für die Befreiung des bolivianischen Volkes gekämpft hatte, von Che war aber nie die Rede, nicht offiziell. Auch ich sah die Republik bedroht von waffenstarrenden imperialistischen Kräften, die Ländern angehörten, deren Bevölkerung in Armut gehalten und zum Vorteil weniger bis aufs Blut drangsaliert und ausgebeutet wurde, und ich hatte mich ja bereits verpflichtet, all das Bedrohte zu schützen. Mit der Waffe in der Hand, wenn es sein muss. Wie Robin Hood. Wie die Rote Armee. Wie Che Guevara. Merkwürdigerweise kam mir zu keinem Zeitpunkt der Gedanke, dass hier eine Verwechslung vorliegen könnte, dass die einen (Stasi) auf diese Weise ja bei den anderen (Nationale Volksarmee) die Kader abwarben. Aber wahrscheinlich standen beide Institutionen in Konkurrenz um junges Blut und ganz sicher hatte die Stasi ihre Leute auch bei der Armee stationiert. Da hätte ich den Doppelarsch gemacht. 25 Jahre Asche und dazu noch Spitzel.

*

Kurz dachte ich an einen Job bei der Auslandsaufklärung, dachte an Armin Müller Stahl, der vor Jahren immer um Weihnachten herum in der Fernsehserie „Das unsichtbare Visier" einen ostdeutschen Agenten, Achim Dietjen, gespielt hatte, der mehrmals einen dritten Weltkrieg verhinderte. Stahl alias Dietjen trieb sich in südlichen Ländern herum und unter Sonnen, vor denen wir uns nie, auch durch noch so starke Sonnenbrillen nicht würden schützen müssen, weil ihr Licht uns niemals treffen würde, es sei denn, wir würden Agenten im Auslandseinsatz. Kundschafter im Dienste des Friedens. Dann würden wir lustige kleine italienische Sportwagen fahren, auf die man bei Verfolgungsjagden keine Rücksicht nehmen musste. Und wenn sie von der Straße abkamen, sprang man heraus, und ließ sie am Rande des Abhangs, den sie herunterrollten, einfach ausbrennen.

Mir schoss sofort die Filmmusik durch den Kopf. Aber auch Manfred aus meiner Grundschulklasse, der den Schlagball sechzig Meter weit gepfeffert hatte, und dessen Vater, ein gebückter alter Mann mit Knollennase einmal Auslandsagent gewesen sein soll. Rein äußerlich war er das Gegenteil von Armin Müller Stahl.

*

Die Haltung, in der Svens Vater, der hier im Auto Genosse Hauptmann hieß, zu mir sprach unterschied sich doch sehr von der Mikrofonhaltung, der Referats- und Vortragshaltung meiner Lehrer, aber auch von der aufrechter Revolutionäre, die ich aus Filmen und von Bildern kannte. Er beugte sich zu mir, sprach dabei aber in eine Ferne blickend leise und traurig als wolle er mir Familiengeheimnisse unterbreiten. Eindringlich. Er sprach von all dem, und er formulierte ein Wir, das noch über dem allgemeinen Wir lag, das ich kannte. Er sprach von Berufsrevolutionären, das Wort gefiel mir, und von Tschekisten, er sprach von der Freundschaft im Allgemeinen und im Besonderen von der zwischen Lenin und Dscherschinski, der auf Lenins Befehl hin die Tscheka, den sowjetrussischen Geheimdienst, aufbaute.

*

Natürlich könne es sein, dass die Partei mich auch im Ausland brauche. Wir fuhren dabei durch Karl-Marx-Stadt, die Frankenberger Straße stadteinwärts, und ich sah dort, wo die Frankenberger in die Dresdener mündet, den Russischen Panzer T34 auf seinem Sockel stehen, auf diesem Weg sei er in die Stadt gekommen, und wenn er aus dieser Position geschossen hätte, wäre die Granate wohl genau dort eingeschlagen, wo nach dem Ende der DDR ein Zoogeschäft war, in dem ich ein Chamäleon bewunderte, das unter einer Wärmelampe auf einem armdicken Ast saß, der mitten im Raum hing. Und obwohl die Hülle Lange, Herr Lange, oder Genosse Lange, oder Hauptmann Lange oder der Genosse Hauptmann Lange mich nicht ansah, zielte seine Rede unmittelbar auf mich. Warum sollte man auch sonst sich die Mühe machen, mich mit einem Wolga direkt von meiner Couch abzuholen. Mir war, trotzdem man sich so um mich bemühte, einigermaßen unwohl. Es war nicht so, dass ich damals Argumente gegen die Stasi gesammelt hätte. Ihr treiben, das ich bis dato nur vom Hörensagen kannte, hätte ich nach außen hin auch verteidigt, mit den üblichen Argumenten: Jeder Staat habe nun mal einen Geheimdienst, und jeder Staat müsse sich vor äußeren und inneren Feinden schützen und dergleichen mehr.

Aber die Berufsrevolutionäre in dem Wolga wirkten nicht wie Che, oder wie ich mir Che vorgestellt hatte, sie hatten nichts verwegenes, rochen nach Kaffee und Zigaretten. Lange wollte wohl etwas Väterliches ausstrahlen, wollte sich mir als Vertrauter zeigen, der mir vertraute. Als wolle er den Platz meines Vaters einnehmen, mit mir ein Aquarium einrichten, sich mit mir um verletzte Tiere kümmern. Aber es gelang ihm nicht. Ich sah ihn nicht, sich um verletzte Tiere kümmern. Die Situation überforderte mich. Und ich sagte dem Hauptmann unbeholfen, dass man eine Pyramide nicht mit der Spitze nach unten bauen könne.

Willst du mit uns zusammenarbeiten?

Nein!

Dieses Nein war ein Wort, das mir unmittelbar entfloh, ohne weitere Überlegung, und das war gut so, denn hätte ich überlegt, wäre ich gelassener gewesen und nicht in Mimikry erstarrt, hätte ich dem Ansinnen des Hauptmann Genosse Hülle Lange höchstwahrscheinlich nachgegeben. Und ich hätte mit Ja geantwortet. Mein Nein entsprang keiner gefestigten Position, Nein war einzig Impuls.

Es kam mir unwillkürlich und falsch vor, Ja zu sagen. Ein Gefühl, das ich nicht hätte begründen können. Ein Hahnenkrähen wäre das ja gewesen, das einen Verrat hätte angekündigt.

Und Lange rückte von mir ab. Wir befanden uns schon wieder auf der Leninstraße und würden bald in das Yorckgebiet einbiegen. Aber wir bogen nicht ins Yorckgebiet ein, sondern einen Abzweig früher in die Yorckstraße. Der Wagen hielt vor einem der Häuser mir Spitzdach, die wir Altneubauten nannten. Lange schwieg, und ich schwieg auch.

*

Du willst sicher mal mit deiner Mutter darüber reden, bevor du dich endgültig entscheidest? Ich hatte mich endgültig entschieden, aber ich nickte. Lange sah mich scharf an, so dass ich mein Gesicht wegdrehen musste. Alles, sagte er, alles, was wir hier in diesem Auto besprochen haben, bleibt unter uns, verstehst du, alles, unter uns. Ich nickte. So, und jetzt steig aus. Beim Aussteigen dachte ich darüber nach, ob ich die Wagentür zudonnern sollte wie ein Trabanttür, oder leise einrasten, was bei diesem sowjetischen Moskwitsch durchaus hätte funktionieren können. Aber ich stieß die Tür einfach an. Ließ die Schwerkraft entscheiden.

Die paar Meter nach Hause rannte ich, und zum Glück war meine Mutter noch nicht da, als ich ankam.

Schaabe

Schon eine halbe Stunde tappte ich die Schaabe entlang. Eine Landenge zwischen Salzmeer und Bodden, dort wo die Insel am schönsten ist, wie man so sagte, sei es weil man die Küste liebte, sei es, weil die Küste gegenüber, die man zwar nicht sehen konnte, die man aber erahnte, zu einem anderen Land gehörte.

Dazwischen ein schmaler Streifen Sand, mit Kiefern bewachsen, zum Meer hin Dünen, Strandhafer. Akkurat abgesteckt, abgegrenzt mit Draht, alle fünfzig Meter ein Durchgang und an jedem dritten Durchgang ein Klo unter den ersten Bäumen, ein Klo, das aussieht wie ein Hochbunker aber anders riecht. Nach Chlor.

Zelte zwischen den Bäumen. Die meisten Blau oder Rot, verweigerten die Tarnung und stachen zwischen den Nadeln hervor wie achtlos verstreute Papierreste. Chlorgeruch vermischte sich mit dem des Tangs. Manchmal Reste von Toilettenpapier im niederen Gesträuch. Wehten dahin wie Fahnen an Lanzen.

Nachts werden die Strände von Scheinwerfern abgesucht. Sie sollen dem Flüchtigen den Weg auf die Schiffe versperren, die wie regungslos am Horizont stehen. Starre Versprechen, die die Illusion vermitteln, die Erde sei rund und da wäre noch etwas am Ende der Welt. Offene See.

*

Manchmal genügt Licht, um einen am Gehen zu hindern, und das, was die Lampe verheißt. Spritzende Einschläge im ruhigen Ostseewasser. Ich kannte so etwas aus Filmen, aus Filmen vom Krieg.

*

Zum dritten Mal ging ich an diesem Tag von Glowe aus in Schwüngen nach Norden den Strand entlang, und dachte bei jeder Bucht, es müsse die letzte sein; hinter der nächsten Bucht liegt Juliusruh. Aber hinter der nächsten Bucht lag nur die nächste Bucht. Und Landschaft. Windflüchter. Das Gehen im lockeren Sand strengte an.

Ich wünschte mir einen, mit dem ich hätte sprechen können, über das alles, das Ende der Schulzeit, das drohende Militär. Seit ich mir eingestanden hatte, dass ich gar nicht Offizier werden wollte, erfand ich alle möglichen Krankheiten für mich. Waren andere doch auch schon ausgemustert worden. Und eine Krankheit, die hätte man mir nicht vorwerfen können. Krank, da kann man nichts machen, da hilft es auch nicht, wenn man sich zusammenreißt. Eine Krankheit wäre der Ausweg aus einer Welt, die man nicht will, in die man sich verstrickt hat, in die man verstrickt wurde.

*

Die schlimmste Strafe wäre Verachtung gewesen. Ich hoffte auf das Asthma meines Vaters. Bei jeder Regung des Körpers, die ein Symptom hätte sein können, wurde ich nervös. Bis dahin aber hatte sich noch nichts ergeben. Der starke Husten und die Atembeschwerden, die ich seit einigen Tagen spürte, waren neuer Anlass, darüber nachzudenken, was ich mit meiner Zukunft anfangen sollte, jenseits von Militär und Berufsrevolutionären.

*

Aber wahrscheinlich würden die Atembeschwerden wieder verschwinden, so wie die Schwindelgefühle verschwunden waren, aus denen ich im letzten Jahr Hoffnung bezogen hatte. Letztlich verschwunden waren. Herzschwäche, wachstumsbedingt. Mein Körper war in die Länge geschossen, und das Herz wuchs langsamer nach, was hin und wieder zu Durchblutungsstörungen geführt hatte. Ohnmacht beim Fahnenappell. Man hatte mich auf einer Sportmatte abgelegt.

*

Hin und wieder ein angespültes Brett. Es könnte aus Schweden sein. Vor ein paar Tagen hatte ich für ein zwei Stunden an der Aussichtsplattform gesessen und zugesehen, wie ein Personenzug in die Fähre nach Trelleborg geschoben wurde.

*

Fotografieren war am Hafen verboten. Ich hatte trotzdem einige Bilder gemacht. Jetzt wäre es besser, zu fotografieren, das flache Meer, der endlose Strand und nur ab und zu die Köpfe von Badenden weit draußen als dunkle Punkte im Wasser. Nichts, was identifizierbar gewesen wäre. Aber ich hatte meinen Fotoapparat nicht dabei, auch das Schreibheft nicht.

Wäre andernfalls das Unvermeidliche nicht das zu Vermeidende gewesen? Ich sprach von Notwendigkeit und glaubte hin und wieder der eigenen Argumentation.

*

Vielleicht stellt der Husten sich doch als chronisch heraus und ist nicht nur ein Raucherhusten. Ich sollte aufhören zu Rauchen und ich wollte vorbereitet sein. Und hinter der nächsten Bucht lag Juliusruh.

Eid

Ich schwöre, hört er sich sagen, und er steht in einer Reihe von Offiziersschülern, sollte ich diesen meinen feierlichen Fahneneid jemals verletzten, soll mich die harte Strafe des Gesetzes und die Verachtung des gesamten Werktätigen Volkes treffen.

Sie traf mich nicht, hatte wohl an mir vorbei gezielt, geschielt, auch als ich die Litze von meiner Uniform abtrennte.

ENDE

Jetzt, mit Blick auf das Haus meiner Nachbarn und auf die Leerstelle, die ihr Hund hinterlassen hat, meine ich, nur noch Verunsicherung vorzufinden.

In mir allemal und letztlich sehe ich ja auch die Nachbarn nicht mehr, seit ihr Hund verschwunden ist, sondern nur noch ihr Auto, das vorsichtig auf die Straße einbiegt, ein wenig vor sich hin tuckert, bis das automatische Tor sich geschlossen hat, und dann davonzieht.

Jeden zweiten Freitag werden die Papiermülltonnen geleert. Ein paar Kilo Bücher werfe ich in die Behälter, die direkt unter meinem Fenster stehen. Langsam kann ich die Regale sehen, zumindest die oberen Fächer.

Abbildungsverzeichnis

klauswalter.com

Inhaltsverzeichnis

Die Arbeit an diesem Manuskript wurde unterstützt mit einem Stipendium der Kulturstiftung des Freistaates Sachsen.